Tesslofffs superschlaues

ANTWORT BUCH

Unser Körper

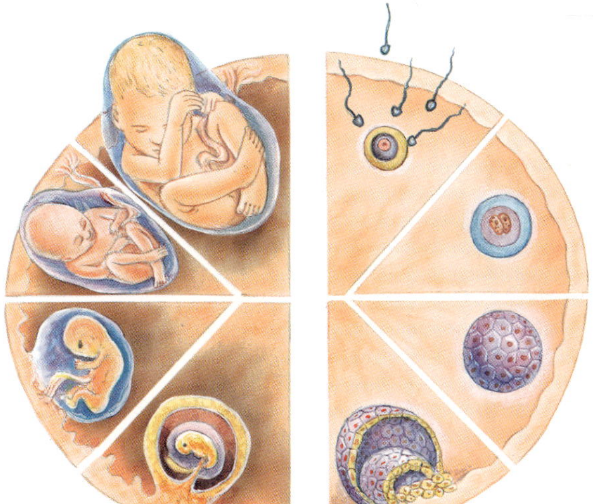

Von Dr. Rainer Köthe

Illustriert von Giampietro Costa (Milan Illustrations Agency) und Thies Schwarz

Tessloff Verlag

Inhalt

Vom Tier zum Menschen

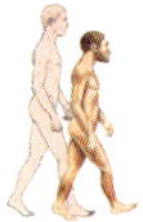

Körperbau

Blut und Kreislauf

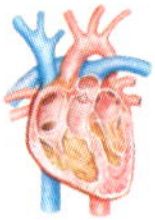

Vom Essen und Trinken

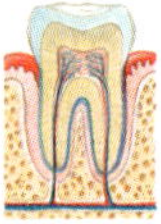

Inhalt

Atmung

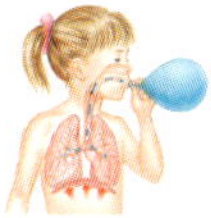

Denken und Fühlen

Haut und Haare

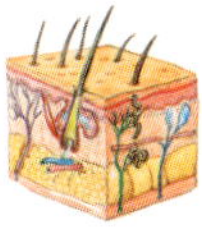

Inhalt

Augen zum Sehen

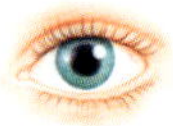

Ohren zum Hören

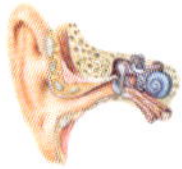

Riechen und Schmecken

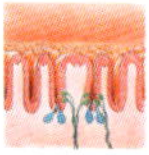

Ein Baby kommt zur Welt

Gesund bleiben

Der kranke Körper

Beim Arzt

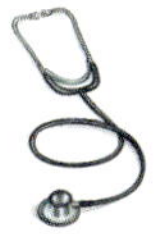

Vom Tier zum Menschen

Der menschliche Körper ist ein erstaunliches Wunder der Natur. Doch er ist nicht plötzlich vom Himmel gefallen, sondern hat sich im Laufe langer Zeiträume zu seiner heutigen Gestalt mit all seiner Leistungsfähigkeit entwickelt.

Stammt der Mensch vom Affen ab?

Das ist seit dem 19. Jahrhundert eine wichtige Frage. Denn viele Menschen wehren sich gegen die Vorstellung, dass der Mensch von Tieren abstamme, wie man sie aus den Zoos kennt. Wissenschaftlich ist diese Frage aber längst geklärt. Der Mensch stammt nicht von den heute lebenden Affen ab; auch nicht von den Menschenaffen wie Schimpansen oder Gorillas, die uns von allen Tieren verwandtschaftlich am nächsten stehen. Menschenaffen und Menschen haben aber einen gemeinsamen Vorfahren. Diese Art lebte vor ungefähr 7 bis 8 Millionen Jahren. Damals gabelte sich der Entwicklungsweg: Ein Ast führte zu Vormenschen und Menschen, der andere zu den heute lebenden Menschenaffen. Dieser gemeinsame Vorfahre ist allerdings ausgestorben.

Warum haben wir kein Fell?

Weil es unseren Vorfahren in der afrikanischen Savanne zu warm wurde. Gras fressende Savannentiere ruhen meist in der Mittagszeit, denn sie können in den kühleren Stunden genug fressen. Auch Raubtiere ruhen, denn nach einem Jagderfolg steht ihnen viel Fleischnahrung zur Verfügung, die weit nahrhafter ist als Pflanzenkost. Unsere Vorfahren aber mussten auch diese Zeit zum Jagen und Sammeln nutzen. Der aufrechte Gang half ihnen die Hitze besser zu ertragen, denn so wurde nur die Spitze des Körpers, der Kopf, von der Mittagssonne beschienen – und der blieb zum Schutz der Haut behaart. An den übrigen Stellen bildete sich das Fell zurück. Dafür entwickelten sich viel mehr Schweißdrüsen als beim Menschenaffen; der Schweiß kühlte den Körper.

Warum gehen wir aufrecht?

Man nimmt heute an, dass eine Klimaänderung vor gut 5 Millionen Jahren Anlass für die Entwicklung des aufrechten Gangs war. Es wurde trockener, und damit breiteten sich besonders in Süd- und Ostafrika die Savannen aus. Savannen sind weite Grasflächen mit eher spärlichem Baumbewuchs. Für die Menschenaffen, die Bäume bewohnten und vor allem Früchte fraßen, bedeutete das: Sie mussten weitere Wege zwischen ihren Nahrungsquellen zurücklegen.

Im Gegensatz zu allen anderen Säugetieren bewegt sich der Mensch auf zwei Beinen fort.

Untersuchungen haben gezeigt, dass der aufrechte Gang etwa ein Drittel Energie sparender ist als das vierfüßige Laufen heutiger Schimpansen. Der aufrechte Gang bot den Vormenschen noch weitere Vorteile: Sie konnten ihre Nahrungsquellen schon aus größerer Entfernung entdecken – und ebenso ihre Fressfeinde, etwa Leoparden. Außerdem konnten sie mithilfe der Hände größere Mengen an Nahrung zu ihren Weibchen und Jungen tragen. Die Aufrechtgänger hatten also bessere Nahrung, weniger Verluste durch Raubtiere und so letztlich bessere Fortpflanzungschancen.

Für den Körper war die Entwicklung zum aufrechten Gang eine massive Umstellung. Das gesamte Knochengerüst musste sich an die neue Lastverteilung anpassen, besonders Schädel, Wirbelsäule, Beckenknochen, Knie und Füße, die seither ein viel größeres Gewicht zu tragen haben.

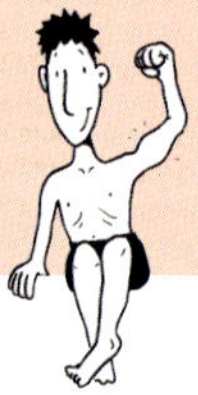

Wie lange gibt es schon Menschen?

Man kann unterschiedlicher Meinung darüber sein, wo man genau eine Grenze zwischen Affe und Mensch ziehen will. Denn es gab einen stufenlosen Weg vom äffischen Vorfahren zum heutigen Menschen. Üblicherweise betrachtet man Lebewesen der Gattung *Australopithecus* als Vormenschen. Sie lebten in mehreren Arten vor etwa 3 bis 4 Millionen Jahren in Süd- und Ostafrika und besaßen schon erste menschliche Züge. Vor allem gingen sie bereits ständig aufrecht, aber wohl längst nicht so gut und schnell wie wir. Sie waren auch deutlich kleiner und leichter als heutige Menschen. Vor allem: Ihr Gehirn war kaum größer als das von Schimpansen. Afrika wird daher heute als „Wiege des Menschen“ angesehen.

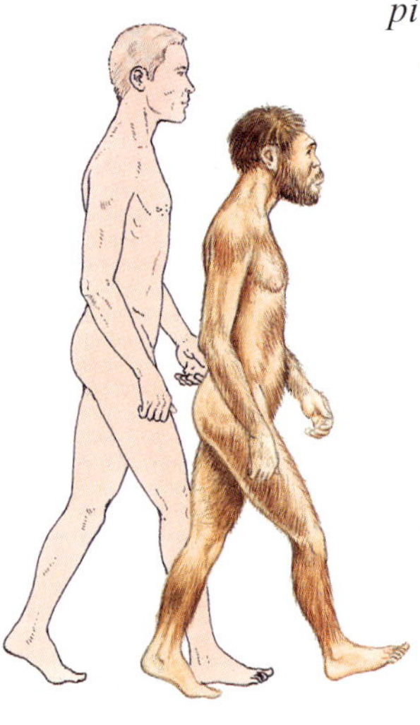

Größe und Gestalt des Vormenschen Australopithecus im Vergleich zum heutigen Menschen.

Erst vor etwa 2 Millionen Jahren entstanden Lebewesen mit merklich größerem Gehirn, die auch Steinwerkzeuge herstellen und benutzen konnten. Sie werden als erste Angehörige der Gattung Mensch angesehen.

Ist der Mensch die „Krone der Schöpfung"?

Der Mensch mit all seinen Vorzügen und Fehlern ist ein Produkt der Evolution, also der schrittweisen Anpassung der Art an die jeweiligen Umweltverhältnisse. Das verbindet uns mit allen anderen Lebewesen der Erde und macht uns zu einem Bestandteil der großartigen Vielfalt des Lebens auf der Erde. Unser großes Gehirn mit seinen erstaunlichen Fähigkeiten ist also eher ein zufälliges Produkt der Evolution, das sich zum besseren Überleben in der Natur entwickelt hat.

Im Übrigen sind wir keineswegs die einzigen schlauen Lebewesen auf der Erde; auch Delfine, Elefanten und andere Tiere zeigen hohe Intelligenz. Und schließlich muss sich erst noch zeigen, ob sich unser großes Gehirn wirklich als Vorteil erweist. Ein außerirdischer Besucher würde sich vielleicht sehr wundern, hier auf Erden Wesen vorzufinden, die so intelligent sind, dass sie Atombomben bauen können – und gleichzeitig so dumm, es auch zu tun.

Viele Körpereigenschaften verdanken wir unseren Vorfahren. Die geschickten Greifhände haben sich zum Umklammern von Ästen entwickelt. Die Augen stehen vorn am Kopf zusammen und ermöglichen so räumliches Sehen, damit ein springendes Tier den Ast zuverlässig erkennt und nicht verfehlt. Außerdem nehmen die Augen Farben wahr, um reife und unreife Früchte zu unterscheiden.

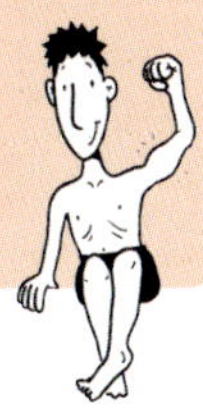

Besaßen Vormenschen schon Werkzeuge?

Faustkeil

Unsere frühen Vorfahren benutzten vermutlich schon Holzwerkzeuge; nur haben sich hölzerne Gegenstände nicht erhalten. Erst als sie harte Steine als Rohstoff entdeckten und zu bearbeiten lernten, hinterließen sie dauerhafte Spuren. Die ältesten gefundenen Steinwerkzeuge stammen von Vormenschen der Art *Homo erectus*. Sie sind etwa 2,3 Millionen Jahre alt, noch grob zurechtgehauen und wurden als Klingen und Schaber benutzt. Erst vor etwa 1,5 Millionen Jahren tauchten typische, fachgerecht behauene Faustkeile auf. Sie hatten innerhalb einer Zeitspanne stets etwa die gleiche Form, die sich nur langsam im Laufe der Jahrtausende veränderte und verbesserte, und dienten als Allzweckwerkzeuge: zum Schneiden, Graben, Schaben und Hacken. Etwa zu jener Zeit begann auch die Beherrschung des Feuers. Zuerst nutzte man wohl natürlich entstandene Brände, etwa durch Blitze, und pflegte und hegte die kostbare Flamme. Erst viel später gelang es, selbst Feuer zu machen.

Waren Neandertaler unsere Vorfahren?

Unser direkter Vorfahre war der Neandertaler nicht. Die tatsächlichen Vorfahren vom Typ *Homo sapiens* wanderten nach Europa ein, als der Neandertaler hier längst existierte.

Heute weiß man, dass die Neandertaler keineswegs so unterentwickelt waren, wie

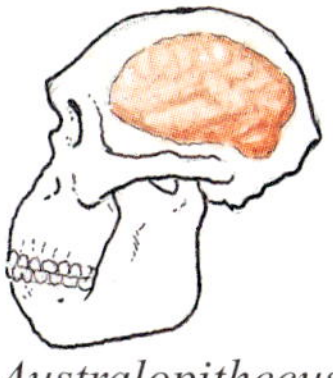

Australopithecus

früher angenommen. Sie fertigten spezialisierte Steinwerkzeuge, nutzten das Feuer, jagten Großtiere wie Mammuts, wohnten in Hütten aus Fellen und Knochen, kümmerten sich um alte und gebrechliche Gruppenmitglieder und bestatteten auch ihre Toten. Sie waren dem *Homo sapiens* auch keineswegs so sehr unterlegen. Im Vorderen Orient lebten beide Menschentypen immerhin rund 55 000 Jahre nebeneinander.

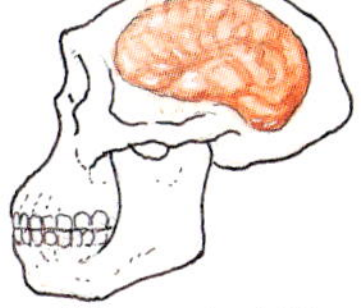

Homo habilis

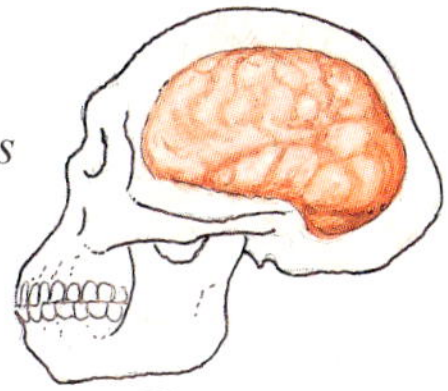

Homo erectus

Was dem *Homo sapiens*-Menschen den Vorsprung gegeben hat, darüber rätseln die Forscher noch: vielleicht geschicktere Jagdtechniken, vielleicht die Entwicklung einer ausgefeilten Sprache. Jedenfalls führte es dazu, dass *Homo sapiens* den Neandertaler im Nahen Osten langsam verdrängte. In Europa brachten einwandernde Gruppen von *Homo sapiens*-Menschen die neue Überlegenheit mit. Man nimmt allerdings nicht an, dass es richtige Kämpfe oder gar Vernichtungskriege gab; angesichts der geringen Besiedlung von einigen tausend Menschen in Europa eher ein Wettbewerb um Nahrungsquellen, den der *Homo sapiens* gewann, denn es gibt keine Neandertaler-Spuren, die jünger als 35 000 Jahre sind.

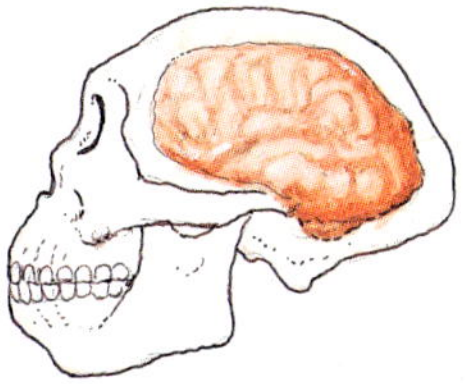

Neandertaler

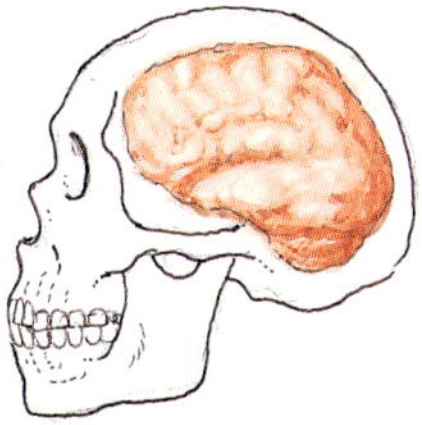

Homo sapiens sapiens

Die Schädelformen und Hirngrößen haben sich im Laufe der Zeit stark verändert.

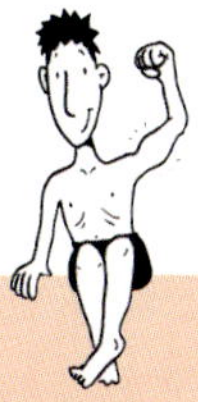

Fast alles, was wir von frühen Vormenschen und Menschen wissen, verdanken wir Funden von Knochenresten sowie später Steinwerkzeugen. Die Art und Abnutzung der Zähne gibt Aufschluss über die Nahrung, der Schädelinhalt verrät die Gehirngröße, an Becken-, Bein- und Fußknochen kann man die Gehweise ablesen. Und moderne Datierungsverfahren verraten heute zudem wie alt ein Fund ist.

Gab es immer nur eine Art von Menschen?

Während der Entwicklung, die zum heutigen Menschen führte, lebten auf der Erde meistens mehrere Menschenarten nebeneinander. Vor etwa 1,6 Millionen Jahren existierten sogar fünf oder sechs Arten gleichzeitig. Sie unterschieden sich durch ihren Lebensraum, ihre bevorzugte Nahrung und zum Teil durch ihre Gehirngröße. Vor etwa einer Million Jahre waren alle ausgestorben, dafür hatte sich der *Homo erectus* entwickelt. Er ging vermutlich als erste Art gut und flüssig auf zwei Beinen und war deutlich intelligenter als seine Vorfahren. Weil er sich schon vor rund 2 Millionen Jahren entwickelte und erst vor etwa 30 000 Jahren verschwand, ist er die bisher am längsten existierende menschliche Art. Viele Forscher glauben, dass sich aus ihm direkt der *Homo sapiens* entwickelt hat.

Auch vom *Homo sapiens* lebten mehrere Formen zur gleichen Zeit. Am bekanntesten sind der rund 500 000 Jahre alte Heidelberg-Mensch. Vor

Homo erectus fertigte sich Steinwerkzeuge und nutzte das Feuer.

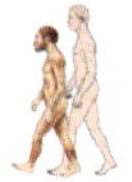

etwa 150 000 Jahren entwickelte sich der berühmte Neandertaler-Mensch. Er starb vor etwa 35 000 Jahren aus. Seither erst sind wir die einzige existierende Menschenart, wobei viele Forscher uns als *Homo sapiens sapiens* bezeichnen, um die Jetztmenschen von den früheren, aber schon sehr ähnlichen Formen zu unterscheiden.

Wie hat der Mensch die Erde besiedelt?

Schon vor gut 2 Millionen Jahren breitete sich die Vormenschenart *Homo erectus* von Afrika aus und erreichte Teile Europas und Asiens bis hin zu den südostasiatischen Inseln. Ursache dürfte eine Überbevölkerung gewesen sein: Die Steinwerkzeugherstellung und die Feuerbeherrschung führten wahrscheinlich dazu, dass sich *Homo erectus* stark vermehrte. Waren die Nahrungsquellen erschöpft, zog er weiter, oder die Gruppe teilte sich.

Die zweite, noch größere Besiedlung der Erde vollbrachte der *Homo sapiens*, also Menschen unserer Art. Er verbreitete sich von Ostafrika in den Nahen Osten und nach Europa. Schon vor rund 50 000 Jahren siedelten sich Menschen im Südteil Australiens an. Um diesen Erdteil zu erreichen, mussten sie Boote oder Flöße besessen haben. Der Weg nach Amerika führte über die damalige Landverbindung zwischen Nordostasien und Alaska – die heutige Bering-Straße. Vor mindestens 12 000 Jahren hatten sie schließlich Feuerland, die Südspitze Südamerikas, erreicht. Und noch später siedelten sich seefahrende Völker in kleinen Booten auf den Inseln im Pazifik an.

Die helle Haut der Menschen in sonnenärmeren Gebieten ist eine Anpassung. Der schützende Farbstoff der Haut, das Melanin, wurde nicht entwickelt, da die Haut eine bestimmte Menge an Sonnenschein braucht, um Vitamin D zu bilden. Wären die Menschen in den Gebieten mit weniger Sonneneinstrahlung dunkelhäutig, hätten sie Mangel an diesem Vitamin.

Jeder Mensch besitzt ein buntes Gemisch von Erbmerkmalen unterschiedlicher Herkunft, die ihn einmalig machen.

Kann man Menschen in Rassen unterteilen?

Es gibt kaum eine Vorstellung, die so viel Leid über die Menschheit gebracht hat, wie die Ansicht, es gebe unterschiedliche Menschenrassen, die mehr oder weniger „wert“ seien. Darauf beruht zum Teil die Kolonialgeschichte, die Sklaverei, vor allem aber die Verbrechen der Nazizeit mit ihren Vernichtungslagern, in der Angehörige vermeintlich anderer Rassen ermordet wurden. Leider werden – auch hierzulande – noch heute Menschen vielfach herablassend behandelt, benachteiligt und sogar angegriffen, allein weil sie eine andere Hautfarbe haben.

Dieses Konzept der Einteilung der Menschen in Rassen ist jedoch falsch. Die „Rassenlehre“ betrachtet nur Äußerlichkeiten wie Hautfarbe, Haarform und ähnliche Merkmale. Zieht man allerdings noch andere Körpermerkmale hinzu, wie etwa die Blutgruppe, verschwindet die übliche Rassenverteilung völlig. Dann stimmt die neue mit der üblichen Einteilung überhaupt nicht überein.

Körperbau

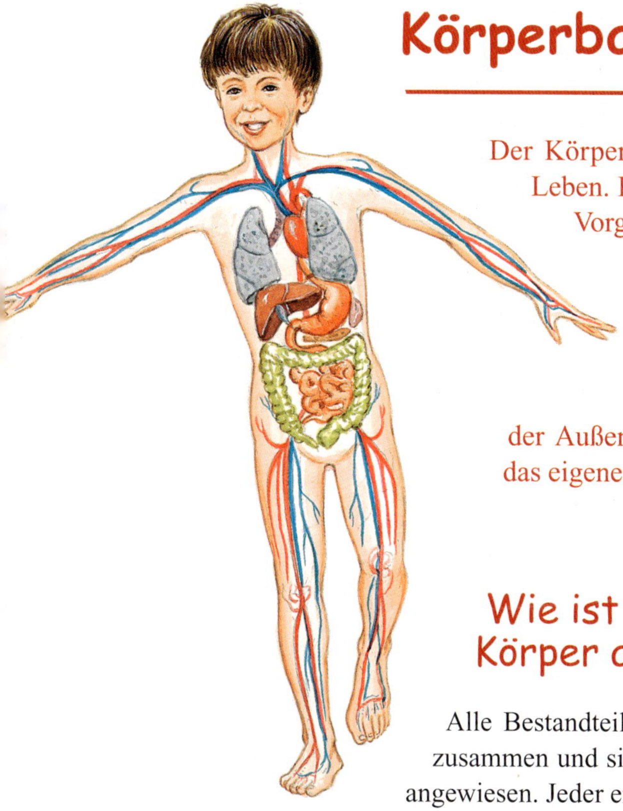

Der Körper ist unser Mittel zum Leben. In ihm spielen sich alle Vorgänge ab, die das Leben erst ermöglichen. Bestimmte Teile des Körpers erlauben uns zu denken, zu fühlen, Kontakt mit der Außenwelt herzustellen und das eigene „Ich“ wahrzunehmen.

Wie ist unser Körper aufgebaut?

Alle Bestandteile des Körpers arbeiten zusammen und sind vielfach aufeinander angewiesen. Jeder erfüllt unermüdlich seine Aufgaben – Tag und Nacht, ein ganzes Leben lang. Unser Körper ist ein großartiges System, das selbsttätig wächst, sich bewegt, sich steuert, auf äußere Einflüsse reagiert, Schäden selbst ausbessert und sich sogar vervielfältigen kann. Um all seine Funktionen ausführen zu können, enthält der Körper eine Fülle von Bestandteilen, die jeweils für ganz bestimmte Aufgaben ausgebildet sind. Man nennt solche Körperteile Organe.

Halt und Festigkeit gibt dem Körper das Knochengerüst oder Skelett. An ihm setzen vielfach Muskeln an, die dem Körper Bewegungsmöglichkeiten verschaffen. Das Immunsystem bekämpft eingedrungene Krankheitserreger. Das Gehirn und das Rückenmark steuern alle Körpervorgänge. Die Energie liefert das Verdauungssystem aus Mund, Speiseröhre, Magen und Därmen. Das Atmungssystem mit Mund, Nase, Bronchien und Lunge führt Sauerstoff aus der Luft heran, schafft gleichzeitig freiwerdende Abfall-Gase fort und ermöglicht außerdem das Sprechen. Das Blut versorgt alle Körperbereiche mit energiereichen Stoffen und Sauerstoff. Abfallstoffe werden durch die Nieren ausgefiltert und über das Harnsystem als Urin ausgeschieden. Die Sinnesorgane wie Augen, Ohren, Nase, Zunge und Haut nehmen Signale aus der Außenwelt auf. Und das Fortpflanzungssystem sorgt dafür, dass immer wieder neue Menschen zur Welt kommen.

Woraus ist der Körper zusammengesetzt?

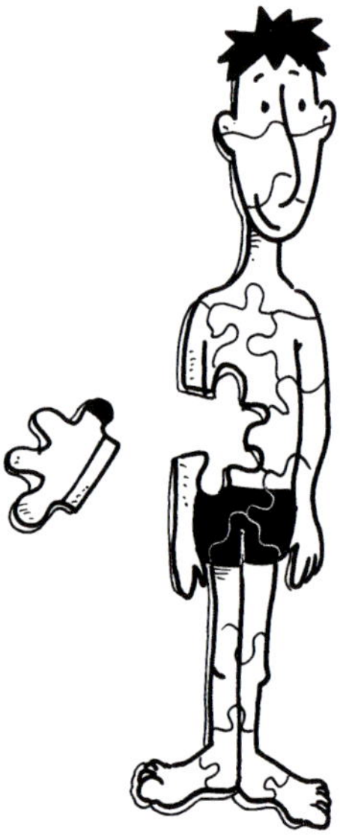

Etwa 70 bis 80 Prozent unseres Körpers sind Wasser, dazu kommen einige chemische Elemente wie Wasserstoff, Sauerstoff, Kohlenstoff, Stickstoff, Schwefel, Phosphor, Calcium und Eisen. Entscheidend ist aber nicht der chemische Aufbau, sondern das organisierte Zusammenwirken aller Körperbestandteile: Unser Körper besteht aus etwa 100 000 Milliarden Zellen. Die Zellen sind mikroskopisch klein und haben sich auf bestimmte Aufgaben spezialisiert. Sie sind mit anderen Zellen verbunden und bilden gemeinsam den Körper. Es gibt rund 100 verschiedene Zelltypen – etwa Nervenzellen, Blutzellen, Leberzellen, Hautzellen, Muskelzellen. Ähnliche Zellen haben sich zu Geweben wie Binde-, Epithel- und Muskelgewebe zusammengeschlossen. Die Organe bestehen meist aus mehreren Arten von Geweben, die sich zusammengefügt haben, um die jeweiligen Aufgaben zu erfüllen.

Jede Zelle unseres Körpers ist von einer Haut umgeben, kann sich selbst vermehren, nimmt Nahrungsstoffe und Sauerstoff auf, gibt Abfallstoffe ab und reagiert auf Außenreize. Einige erzeugen ganz bestimmte Stoffe für den Körper, wie Schleim oder Blutbestandteile; andere jagen im Blut nach Bakterien und fressen sie. Nervenzellen sind bis zu 2 Meter lang und transportieren elektrische Signale, während Zellen in Auge und Ohr auf Licht oder Schwingungen reagieren.

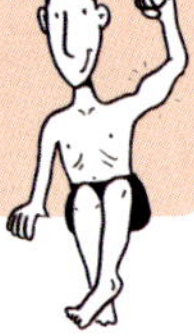

Welche Knochen haben wir?

Ohne unser Knochengerüst wären wir nur weiche Fleischsäcke, kaum zu Bewegungen fähig. Dabei wiegen alle etwa 206 Knochen zusammen nur rund 9 Kilogramm, da sie bewundernswert gebaut sind: stabil, aber dennoch leicht; hart, aber so zäh, dass sie nicht leicht zerbrechen. Auf dauernde Belastungen reagieren sie, indem sie sich selbst verstärken. Außerdem können Knochen Schäden selbsttätig reparieren.

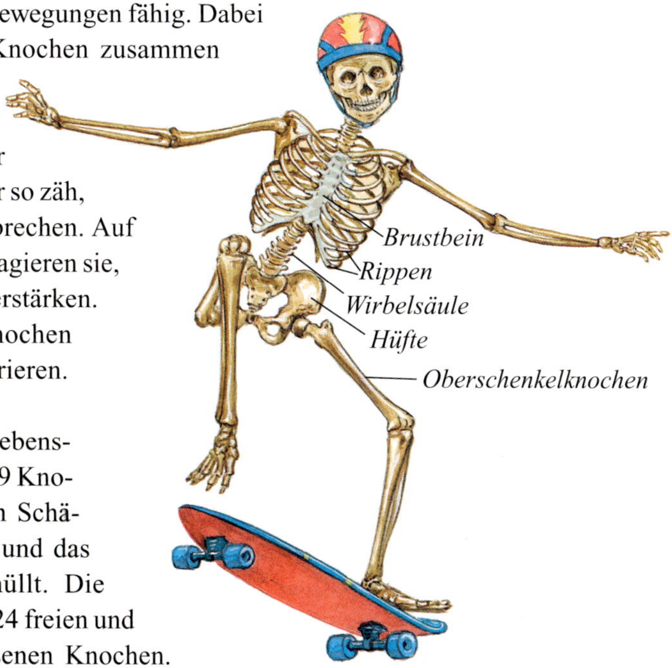

Knochen schützen auch lebenswichtige Organe. Etwa 29 Knochen bilden den stabilen Schädel, der Gehirn, Augen und das Innere der Ohren umhüllt. Die Wirbelsäule besteht aus 24 freien und 5 miteinander verwachsenen Knochen. Von ihr gehen die 24 Rippen aus. Zusammen mit dem Brustbein bilden sie den Brustkorb, der Lunge und Herz schützt. Weitere 64 Knochen bilden Schultern, Arme und Hände und sorgen dafür, dass wir etwas anfassen und tragen können. Die 62 Knochen in Becken, Beinen und Füßen ermöglichen uns das Stehen, Laufen und Sitzen.

Unser größter einzelner Knochen ist der Oberschenkelknochen. Er macht allein etwa ein Viertel der Körpergröße aus; beim Erwachsenen misst er 38 bis 48 Zentimeter. Der kleinste Knochen sitzt im Innenohr. Es ist der nur 3 bis 5 Millimeter kleine „Steigbügel“, der an der Weiterleitung der Schallschwingungen zu den Hörnerven beteiligt ist.

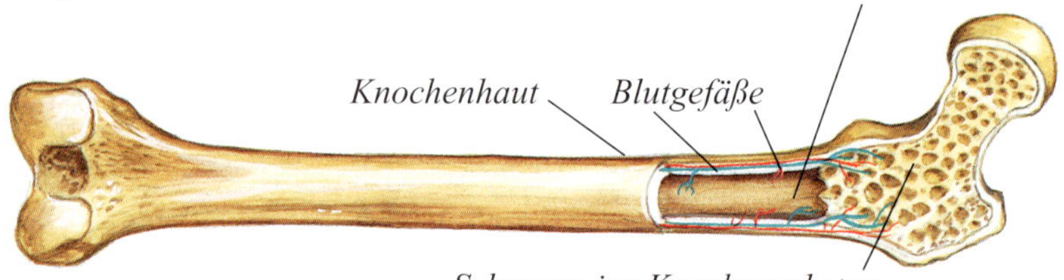

Wie sind unsere Knochen aufgebaut?

Unser Körper enthält drei Arten von Knochen: Lange, kräftige Röhrenknochen wie den Oberschenkelknochen, kleine Knochen wie Wirbel, Gehörknöchelchen und die Hand- und Fußknochen sowie flache Knochen wie Schädelknochen, Beckenknochen und Schulterblätter.

Alle Knochen bestehen aus dem harten mineralischen Calciumphosphat, gemischt mit anderen Mineralien. Umhüllt sind Knochen von der dünnen, aber festen Knochenhaut, die Nerven, Blutgefäße und Knochen bildende Zellen enthält. Sie ist sehr schmerzempfindlich. Beim Schienbein sitzt sie direkt unter der Haut – deshalb tut ein Tritt gegen das Schienbein auch so weh. Bei vielen Knochen besteht nur der Randbereich aus fester, aber vielfach durchbluteter Knochensubstanz. In ihrem Innern bildet die Knochensubstanz ein Gitterwerk, ähnlich einem Schwamm mit zahlreichen Hohlräumen. Diese Struktur macht den Knochen nicht weniger stabil, aber erheblich leichter. Die Hohlräume sind bei Kindern vollständig mit rotem Knochenmark gefüllt, bei Erwachsenen nur noch teilweise. Das Knochenmark erzeugt die roten Blutkörperchen, die im Blut den Sauerstoff transportieren.

Nicht alle Teile des Skeletts bestehen aus harten Knochen, sondern manche aus weicherem Knorpel. Wenn ein Knochen wächst oder ein Knochenbruch heilt, bildet sich zuerst Knorpelmasse, die dann nach und nach durch Knochen ersetzt wird. Babys haben noch viel Knorpelmasse; erst beim Heranwachsen verfestigen sich die Knochen. An den Ohren, der Nasenspitze und Teilen der Rippen sowie in den Gelenken besitzt auch ein Erwachsener Knorpel.

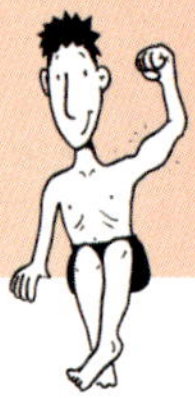

Wie ist die Wirbelsäule gebaut?

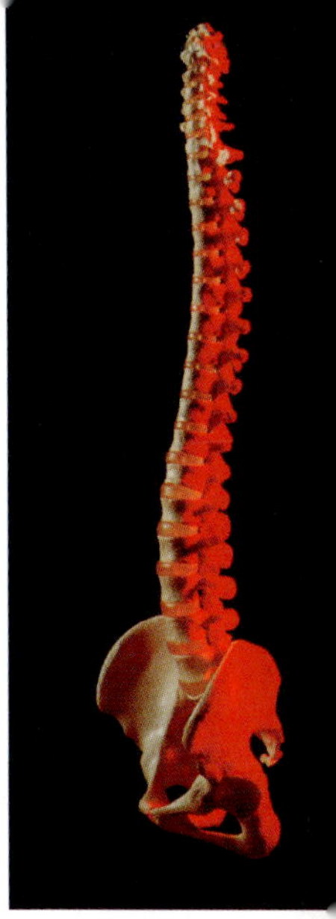

Die Wirbelsäule ist leicht s-förmig gebogen.

Das Rückgrat ist die wichtigste Stütze unseres Körpers. Weil es aus zahlreichen Einzelknochen besteht, den Wirbeln, nennt man es auch Wirbelsäule. Die Wirbel bilden vorn eine dicke, runde Scheibe, an der hinten die knöchernen Dornfortsätze sitzen. Zwischen den runden Scheiben ist jeweils eine dünne Knorpelscheibe eingebettet, eine Bandscheibe, die Stöße abfängt. In der Wirbelsäule sitzen die Wirbel übereinander. Die Knochenauswüchse greifen ineinander und stellen so Verbindungen her. Ihre Hohlräume liegen so übereinander, dass sich ein Kanal bildet, der sich durch die ganze Wirbelsäule zieht, der Rückenmarkskanal. Muskeln und Bänder halten die Wirbel zusammen. Dieser Aufbau macht die Wirbelsäule biegsam und stabil zugleich. An einigen Wirbeln sind über Gelenke Rippen befestigt, der untere Teil ist mit dem Becken verbunden.

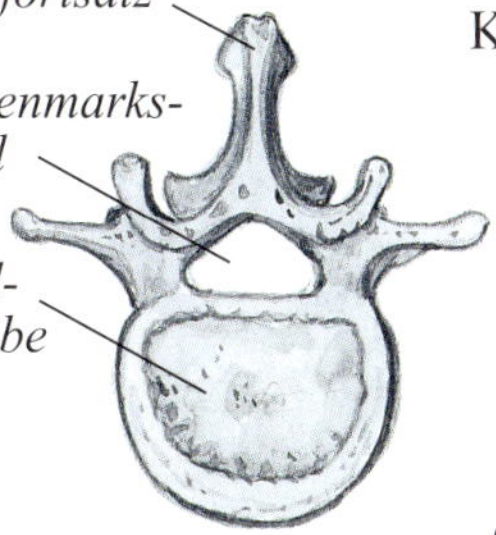

Einzelner Wirbel der Wirbelsäule

Warum gibt es große und kleine Menschen?

Es gibt Menschen, die sehr groß werden oder sehr klein bleiben. Der größte bekannte Mensch war ein Amerikaner, der 1940 starb. Er erreichte 2,72 Meter Größe und fast 200 Kilogramm Gewicht. Der kleinste bekannte erwachsene Mensch dagegen war ein Inder, der 1997 starb und nur 57 Zentimeter groß war.

Solche Extremwerte stammen aber nicht von normalem Wachstum. Bei diesen Menschen waren die chemischen Regulatoren im Körper gestört, die im Blut kreisen und im Laufe des Lebens das Wachstum steuern, so dass sie zu schnell oder zu wenig wuchsen.

Wie funktionieren Gelenke?

Modelle der Gelenktypen

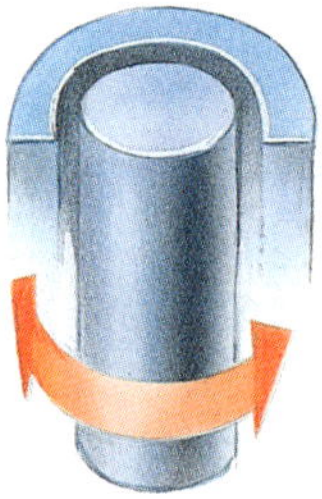

Drehgelenk

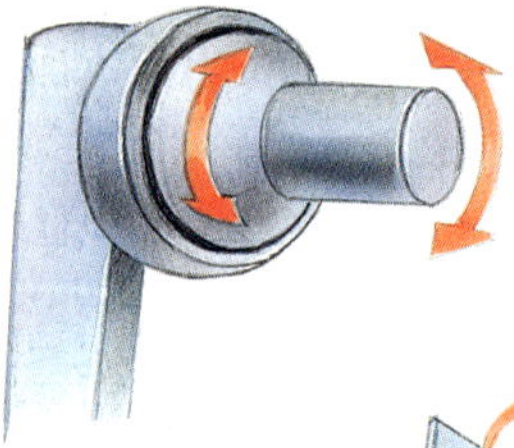

Kugelgelenk

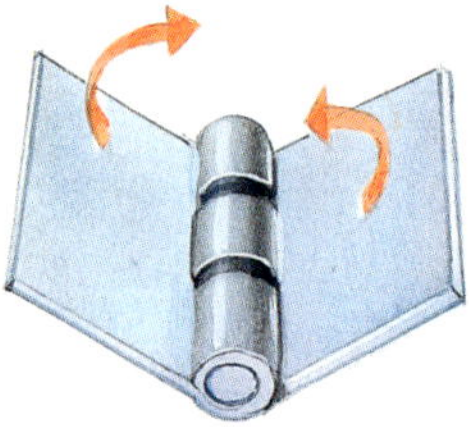

Scharniergelenk

Knochen sind starr. Dass unser Körper dennoch so beweglich ist, liegt an den Gelenken. Sie verbinden jeweils die Enden zweier Knochen so, dass sie sich gegeneinander bewegen können. Drehgelenke wie im Hals ermöglichen Drehbewegungen. Im Unterarm bilden die zwei Knochen Elle und Speiche gemeinsam mit der Hand ein Drehgelenk, deshalb können wir einen Schraubenzieher drehen. Sehr beweglich sind auch die Kugelgelenke in der Hüfte, die die Beine kreisen lassen. Hier bildet ein Knochenende eine Kugel, die sich in einer Gelenkpfanne bewegt. Scharniergelenke dagegen funktionieren ähnlich einem Türscharnier nur in einer Richtung. Dazu gehört das Ellenbogengelenk und das größte Gelenk im Körper, das Knie.

Unsere Gelenke laufen wie geschmiert. Das liegt an der festen, glatten Knorpelschicht an den Knochenenden. Im Zwischenraum, der Gelenkhöhle, befindet sich eine Flüssigkeit, die wie Schmieröl funktioniert. Das Gelenk ist von einer Gewebeschicht, der Gelenkkapsel, umhüllt. Und die Knochen werden von speziellen dehnbaren Geweben, den Bändern, sowie Muskeln zusammengehalten.

Bei einem Stoß gegen den Ellenbogen spürt man oft einen scharfen, summenden Schmerz. Dann hat man sich den „Musikantenknochen“ gestoßen. Ursache des Schmerzes ist aber gar nicht der Knochen selbst: An dieser Stelle läuft der Ellennerv kaum geschützt zwischen Haut und Knochen entlang, und der ist gegen Stöße hoch empfindlich.

Wie bewegen wir uns?

Beim Besuch einer Ballett- oder Zirkusvorstellung oder bei Sportveranstaltungen staunt man, wie viele verschiedene Bewegungen wir mit unserem Körper oder Teilen davon ausführen können. Dafür sind die Muskeln zuständig, die etwa 40 Prozent des gesamten Körpergewichts ausmachen und vor allem aus Eiweißen bestehen.

Zum Klettern gehört nicht nur eine gute Konzentration, sondern auch das perfekte Zusammenspiel der Muskeln.

Es gibt im Körper drei sehr unterschiedliche Typen von Muskeln. Den größten Anteil besitzen die Skelettmuskeln: Sie sind an den Knochen befestigt und erlauben uns Springen, Radfahren und Schreiben. Die größten dieser Muskeln sind die Gesäßmuskeln. Ein zweiter Muskeltyp ist an den inneren Organen wie Magen, Darm, Harnsystem und Blutgefäßen beteiligt. Diese Muskeln werden vom Gehirn aus automatisch gesteuert – auch wenn wir schlafen. Ein dritter Muskeltyp ist die Herzmuskulatur, die wir ebenfalls nicht bewusst beeinflussen können und die sich aber von den anderen Muskeln im Aufbau unterscheidet. Das Herz schlägt das ganze Leben etwa 80-mal pro Minute, daher muss der Muskel besonders zuverlässig sein.

In Fingern und Füßen haben wir kaum Muskeln. Deren Knochen werden nämlich von Muskeln bewegt, die in Unterarm oder Unterschenkel sitzen und mit den Hand- und Fußknochen durch Sehnen verbunden sind. Sehnen sind dünne, sehr feste „Seile“, die sich in feinen Hüllen bewegen, den Sehnenscheiden. Zieht sich der Muskel zusammen, zieht er an der Sehne und beugt so den Finger oder Zeh.

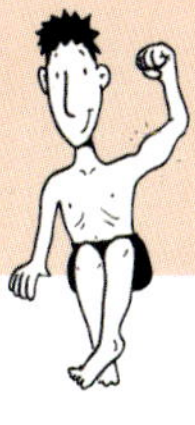

Blut und Kreislauf

„Blut ist ein besonderer Saft“, das wusste schon der Dichter und Naturforscher Goethe. Tatsächlich übernimmt diese ständig im Körper kreisende Flüssigkeit – beim Erwachsenen etwa 5 Liter – eine Fülle lebenswichtiger Aufgaben.

Ist der Körper ganz mit Blut gefüllt?

Wenn man sich in den Finger schneidet, tritt Blut heraus. Dennoch ist unser Körper keineswegs vollständig mit Blut gefüllt, weder im Raum zwischen den Organen noch in den Armen und Beinen fließt das Blut frei im Gewebe. Nur bei Insekten und Spinnentieren erfüllt eine blutartige Flüssigkeit die gesamte Leibeshöhle. Bei höheren Tieren und beim Menschen aber ist das anders: Das Blut fließt in besonderen Röhren, den Adern. Alle Adern im Körper zusammen sind fast 100 000 Kilometer lang, das entspricht einer Strecke von mehr als zweimal um den Erdäquator herum! Manche Adern sind recht dick, andere feiner als ein Haar. Die haarfeinen Kapillaren versorgen die Körpergewebe mit Sauerstoff und Nährstoffen und führen Abfallstoffe ab. Ihre Wände sind so hauchdünn, dass diese Stoffe hindurchtreten können. Die dickeren Adern dagegen dienen nur dem Bluttransport.

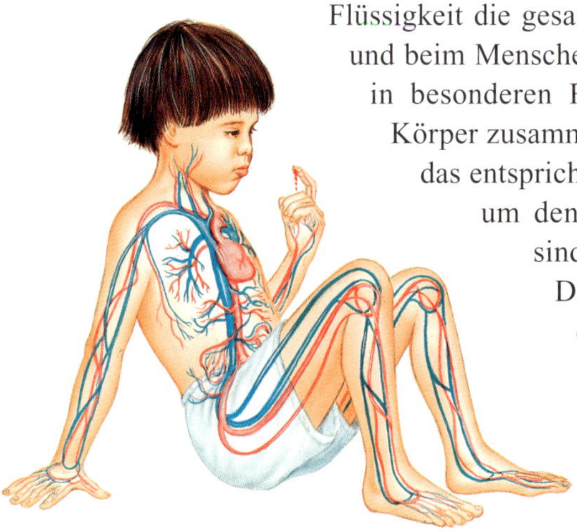

Das Adersystem unseres Körpers

Wie funktioniert das Herz?

Das Herz ist nur so groß wie eine Faust, und dennoch lebenswichtig. Es pumpt unser Blut durch den Körper und versorgt so alle Körperteile. Damit beginnt es schon viele Monate vor der Geburt und hört erst mit dem Tod auf.

Im Laufe eines Lebens von normaler Dauer schlägt es rund 3 Milliarden Mal!

Das Herz ist ein hohler Muskel aus besonders leistungsfähigen und ausdauernden Muskelzellen. Es zieht sich rhythmisch etwa 70-mal pro Minute zusammen und presst dadurch das Blut aus seinem Innern in die Arterien. Das nennt man „Systole“. Während es sich wieder entspannt, in der „Diastole“, fließt neues Blut aus den Venen nach. Einfache, klappenförmige Ventile sorgen dafür, dass sich das Blut in die richtige Richtung bewegt.

Warum ist das Blut rot?

Unter dem Mikroskop sind die „roten Blutkörperchen“ als flache, münzenförmige Gebilde zu sehen. Ein winziger Bluttropfen enthält etwa 5 Millionen von ihnen. In den roten Blutkörperchen sitzt ein kompliziert gebauter roter Farbstoff, ein Eiweißstoff, der zudem das chemische Element Eisen enthält. Er heißt Hämoglobin. Hämoglobin kann leicht Sauerstoff aufnehmen und binden, wenn es in der Lunge mit reichlich Sauerstoff in Berührung kommt. Im Gewebe, wo Sauerstoff gebraucht wird, gibt es ihn aber auch leicht ab. Dafür nimmt es Kohlendioxid auf, das als Abfallprodukt entfernt werden muss und transportiert es mit dem Blutstrom in die Lunge, wo es in die Luft übertritt, die ausgeatmet wird. Sauerstoffreiches Blut ist hellrot, mit Kohlendioxid beladenes dunkler und bläulich rot. Daher sehen Venen – in denen das kohlendioxidreiche Blut zurück zum Herzen fließt – meist bläulich aus.

Die roten Blutkörperchen binden Sauerstoff und transportieren ihn überall in den Körper.

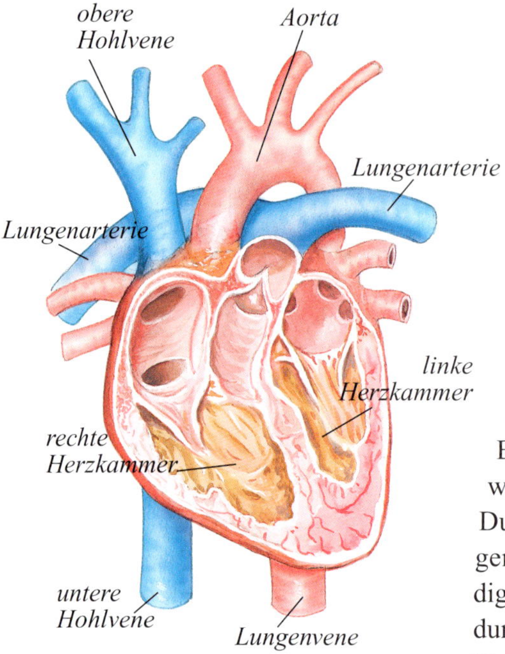

Wie bewegt sich das Blut im Körper?

Adern, die vom Herzen wegführen, nennt man Arterien. Adern, die das Blut zum Herzen hinführen, heißen Venen.

Der Blutstrom im Körper bildet zwei Kreisläufe: den Lungen- und den Körperkreislauf. Der Lungenkreislauf führt von der rechten Herzhälfte durch die Lungenarterie zur Lunge. In der Lunge nimmt das Blut Sauerstoff auf und gibt das unerwünschte Gas Kohlendioxid ab. Der Durchgang durch die haarfeinen Lungenadern bremst die Fließgeschwindigkeit stark ab. Daher fließt das Blut nun durch die Lungenvene noch einmal zum Herzen zurück, und zwar in die linke Herzhälfte, die es nun in den Körperkreislauf pumpt. Die Arterie, die das Blut vom Herzen wegführt, heißt Aorta und ist mehr als fingerdick. Sie verzweigt sich rasch in Röhren, die die einzelnen Körperteile mit dem sauerstoffreichen Blut versorgen. Das Blut aus dem Körper, das nun mit Kohlendioxid angereichert ist, fließt durch das Venensystem wieder zum Herzen zurück. Die Venen beginnen als Kapillaren in allen Körperbereichen und sind mit den Kapillaren des Arteriensystems jeweils direkt verbunden. Sie vereinigen sich zu immer dickeren Röhren und führen schließlich durch die „Hohlvene" in die rechte Herzhälfte. Von dort aus fließt das Blut wieder in den Lungenkreislauf und so immer wieder durch den ganzen Körper.

Den eigenen Herzschlag kann man als „Puls" am deutlichsten in den Arterien spüren; sie werden daher auch als „Schlagadern" bezeichnet. Am Handgelenk oder am Hals kann man den Puls besonders gut fühlen. Wir spüren die kleine Blutwelle, die durch das Pumpen des Herzens das Blut im Adersystem des Körpers vorantreibt.

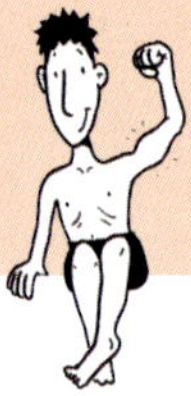

Welche Aufgaben erfüllt das Blut?

Der Transport von Sauerstoff und Kohlendioxid ist bei weitem nicht die einzige Aufgabe des Blutes. Es enthält auch Nährstoffe, wie Traubenzucker, sowie Baustoffe zur Reparatur oder zum Ersatz beschädigter Stellen im Körper. Es nimmt sämtliche Abfallprodukte aus den Körperzellen mit, die in den Nieren aus dem Blut ausgefiltert werden und sich im Urin sammeln. Das Blut transportiert die Wärme, die bei den chemischen Umsetzungen in den Zellen frei wird, und verteilt sie im Körper. Feine Fühler sorgen dafür, dass die Körpertemperatur stets auf der gleichen Höhe bleibt.

Außerdem bewegen sich im Blut spezielle Zellen, die Fremdkörper wie etwa Bakterien aufspüren und bekämpfen können, die „weißen Blutkörperchen“. Sie gehören zum Immunsystem, dem Abwehrsystem des Körpers gegen Krankheitserreger. Weitere winzige Zellen, die Blutplättchen, sammeln sich an beschädigten Adern und Wunden und bilden einen ersten Verschluss, um den Blutverlust zu stoppen und das Eindringen von Krankheitserregern zu vermeiden.

Und schließlich nutzt der Körper den Blutstrom, um Informationen zu verbreiten. Diese Informationen enthalten die chemischen Botenstoffe, die „Hormone“. Sie werden von bestimmten Drüsen erzeugt und in den Blutstrom abgegeben. Hormone steuern zum Beispiel das Wachstum des Körpers, bringen bei Gefahr sämtliche Körperteile auf höchste Leistungsfähigkeit und regeln Wachstum und Entwicklung der an der Fortpflanzung beteiligten Organe.

Die Blutgruppen sind erblich, und der Prozentsatz der Menschen mit einer bestimmten Blutgruppe ist bei verschiedenen Völkern sehr unterschiedlich. In Europa gibt es etwa 27 Prozent A, 8 Prozent B und 65 Prozent 0. Die amerikanischen Ureinwohner besitzen alle die Blutgruppe 0. Daher konnten Ärzte der Inka in Südamerika schon vor vielen Jahrhunderten erfolgreiche Bluttransfusionen ausführen.

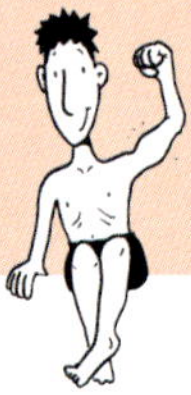

Ist das Blut bei allen Menschen gleich?

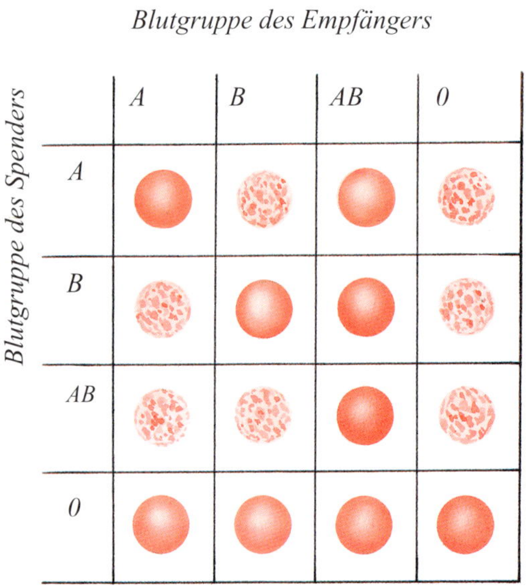

Das Blut verklumpt bei einer Spende.

Eine Blutspende ist möglich.

Schon vor über 300 Jahren wurde in Europa versucht, Menschen eine kleine Menge Blut zu entnehmen, um Verletzten damit zu helfen. Doch solche „Bluttransfusionen" führten häufig zu einem sehr schnellen Tod des Patienten, weil das Blut verklumpte. Eine Bluttransfusion funktioniert nämlich nur, wenn sich die Bluttypen von Spender und Empfänger vertragen.

Heute wissen wir, dass es mehrere Dutzend Bluttypen gibt. Am wichtigsten sind die Blutgruppen A, B, AB und 0 (Null). Menschen mit Blutgruppe A darf man nur Blut der Gruppe A spenden und Menschen mit Blutgruppe B nur Blut von Gruppe B. Menschen mit der Blutgruppe AB können sowohl Blut von A-Spendern wie von B-Spendern vertragen. Menschen mit der Blutgruppe 0 schließlich dürfen nur Blut der Gruppe 0 bekommen. Ihr gespendetes Blut allerdings vertragen auch Patienten mit Blutgruppe A, B oder AB.

Vom Essen und Trinken

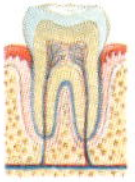

Notfalls können wir einige Wochen ohne Essen auskommen, allerdings nur wenige Tage ohne zu trinken. Abgesehen von der Notwendigkeit – Essen und Trinken macht ja auch Freude, wenn es schmeckt.

Warum muss man täglich essen und trinken?

Essen müssen wir, weil der Körper ständig Energie braucht, um seine vielen Funktionen zu erfüllen, sich zu bewegen, Wärme zu erzeugen und Blutkreislauf, Gehirn und all die anderen Körperteile in Gang zu halten. Der Körper ersetzt in regelmäßigen Abständen bestimmte Zellen – etwa Blutzellen, Gewebe, Haare. Ein junger Mensch wächst noch und wird durch die Bildung neuer Körpermasse immer größer und schwerer. Für all diese Aufgaben braucht der Körper Grundstoffe, und die holt er sich aus der Nahrung.

Im Laufe unseres Lebens verdrücken wir über 40 000 kg Nahrungsmittel.

Durch die Aufnahme von Nahrung gleicht der Körper außerdem Verluste aus. Das gilt vor allem für Wasser. Wir scheiden täglich mehrere Liter Wasser aus – teils als Schweiß, teils als Wasserdampf durch die Haut oder den Mund, vor allem aber mit dem Stuhl und mit dem Urin. Daher müssen wir regelmäßig unseren Wasservorrat ergänzen – durch Trinken. Im Normalfall müssen wir täglich etwa 3 Liter Wasser zu uns nehmen; Schwerstarbeiter in heißer Umgebung oft sogar 10 bis 15 Liter.

Die Reise durch den Darm dauert für die Speisen verschieden lang, weil der chemische Abbau in Magen und Darm je nach Bestandteil unterschiedliche Zeit braucht. Für Zucker reichen 1 bis 2 Stunden. Stärke, also Brot und Kartoffeln, Gemüse sowie leicht verdauliches Eiweiß (Eier, gekochter Fisch, mageres Fleisch) brauchen bereits mehrere Stunden. Am längsten bleiben Pilze und fetthaltige Speisen, etwa fettes Fleisch und Sahnekuchen, im Körper – bis zu einem Tag.

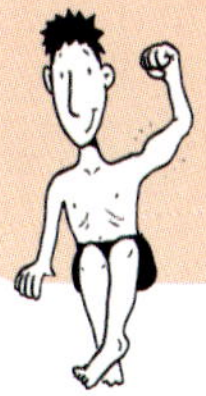

Was erzeugt Hunger und Durst?

Im Körper gibt es zahllose Sinnesfühler, die dem Gehirn den Zustand im Körperinneren melden. Zum Beispiel kontrollieren sie, ob im Blut genügend Nährstoffe kreisen. Sinkt deren Anteil, so bewirken sie im Gehirn Hungergefühle. Wir denken dann plötzlich an leckere Speisen, und wenn wir immer noch nichts zu uns nehmen, spüren wir ein leeres Gefühl im Magen. Es ist also nicht der Magen, der den „Hunger" meldet. Er knurrt zwar manchmal, wenn er leer ist. Aber das Hungergefühl entsteht im Gehirn.

Auch der Wassergehalt im Blut und vor allem in bestimmten anderen Körperflüssigkeiten wird ständig überwacht. Verlieren wir zu viel Wasser durch Schwitzen, so geben diese Sensoren Signale ins Gehirn, und das erzeugt dann ein Durstgefühl: Die Lippen und die Zunge fühlen sich trocken an, und wir denken sehnsüchtig an ein paar schöne kühle Schlucke.

Was ist in der Nahrung enthalten?

So vielfältig die Auswahl im Supermarkt oder im Restaurant auch sein mag: All unsere Speisen bestehen in Wirklichkeit aus nur drei Arten von Grundstoffen – Eiweißstoffe, Fette und Kohlenhydrate (Stärke und Zucker). Diese Grundstoffe werden durch eine Vielzahl von Geruchs- und Geschmacksstoffen ergänzt und erzeugen zusammen mit dem Aussehen der Nahrungsmittel und den unterschiedlichen Arten der Zubereitung die Vielfalt der Speisen und Getränke.

Fett als Energielieferant steckt in Milch, Fleisch, Butter und Nüssen.

Eiweiß nehmen wir mit Fleisch, Milch und auch Getreideprodukten auf.

Kohlenhydrate liefern Stärke und Zucker. Sie sind in Mehl, Kartoffeln, Erbsen, Linsen, Mais sowie Obst enthalten.

Fleisch und Fisch bestehen zu 50 bis 80 Prozent aus Wasser; bei Gemüse, Obst und Milch ist der Wasseranteil noch höher.

Was sind Mineralstoffe und Vitamine?

In manchen Nahrungsmitteln sind bestimmte Substanzen enthalten, die der Körper unbedingt braucht – er aber nicht selbst herstellen kann. Dazu gehören die Mineralsalze, etwa Calcium, Kochsalz und Eisenverbindungen. Eisen wird zur Blutbildung gebraucht, Calcium beim Wachstum von Knochen und Zähnen. Kochsalz verlieren wir mit dem Schweiß und brauchen es auch, damit Nerven, Magen und andere Organe richtig arbeiten.

Weitere wichtige Stoffe sind die Vitamine. Der Körper braucht sie, um bestimmte Hilfsstoffe herzustellen. Man bezeichnet sie meist mit Buchstaben, zum Beispiel Vitamin C. Wenn sie in der Nahrung fehlen oder in zu kleinen Mengen enthalten sind, wird der Körper krank. Durch eine abwechslungsreiche Ernährung, mit Obst, Gemüse, Milch, Brot und etwas Fleisch, bekommt der Körper aber alles, was er braucht.

Erdbeeren enthalten viel Vitamin C.

Wie sind Zähne gebaut?

Das herausschauende Oberteil eines Zahns nennt man Zahnkrone, den im Kiefer verankerten Teil Zahnwurzel. Die Zahnkrone ist mit einer extrem harten, glatten Schicht, dem Zahnschmelz, überzogen. Darunter liegt eine Schicht von ebenso hartem Material, das Zahnbein oder „Dentin“. Sie umhüllt die Zahnhöhle. In der Zahnhöhle liegen, eingebettet in Zahnmark, Blutgefäße, die den Zahn versorgen und Baustoffe für sein Wachstum heranschaffen sowie Nerven, die ein Schmerzsignal aussenden, wenn der Zahn verletzt ist. Der Kiefer hat für jeden Zahn eine besondere Aussparung, das Zahnfach, wo er genau hineinpasst. Eine spezielle Substanz, der Zahnzement, hält die Zahnwurzeln im Kieferknochen fest, und das hellrote Zahnfleisch umhüllt die Zähne und lässt nur die weißen Zahnkronen herausschauen.

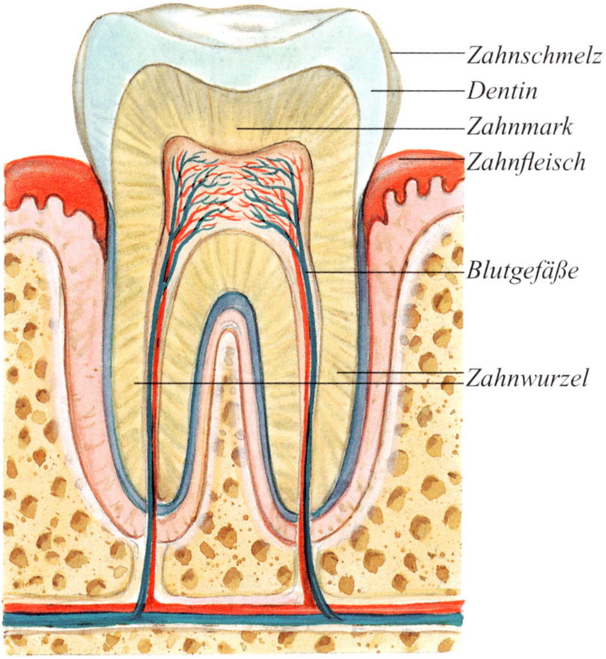

Zähne sind die härtesten Teile in unserem Körper und haben eine sehr aufwändige Struktur.

Welche Aufgabe haben die Zähne?

Zähne sind die wichtigsten Verdauungshilfen im Mund. Ein gesunder Erwachsener hat normalerweise 32 Zähne; allerdings entwickeln sich die hintersten Backenzähne, die „Weisheitszähne“, nicht immer. Zähne ermöglichen uns, die Nahrung in kleine Bissen zu zerlegen, damit wir sie schlucken können. Dazu dienen vor allem die Schneidezähne vorn im

Mund. Die spitzen Eckzähne helfen, auch festes und zähes Essen, wie zum Beispiel Fleischstücke, zu zerteilen. Die Backenzähne zermahlen die Bissen und verwandeln sie mit dem Speichel in einen weichen Brei, der gut geschluckt werden kann und den dann auch die anderen Verdauungsorgane gut verarbeiten können.

Die Zähne müssen die gewaltigen Druckkräfte aufnehmen, die wir beim Kauen harter Nahrungsteile einsetzen. Bei kräftigem Zubeißen in einen Apfel können wir so viel Kraft entwickeln, als ob wir uns mit vollem Körpergewicht auf ihn stellen.

Die ersten Zähne, die ein Kind bekommt, nennt man Milchzähne. Sie werden zwischen dem 6. und dem 12. Lebensjahr durch die zweiten Zähne ersetzt, die sich schon unter den Milchzähnen bildeten. Auch wenn die Milchzähne ausfallen, müssen sie gut gepflegt und Schäden oder Fehlstellungen gleich vom Zahnarzt behandelt werden. Denn sie lenken das Wachstum der zweiten Zähne; sind sie nicht in Ordnung, führt das später zu Gebissschäden.

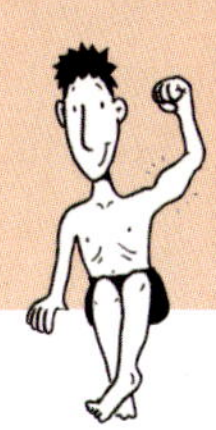

Was geschieht mit dem Essen nach dem Herunterschlucken?

Der Körper kann aus all den unterschiedlich zusammengesetzten Speisen eigenes Körpergewebe, Bewegung und Körperwärme erzeugen. Er zerlegt mit bestimmten Hilfsstoffen Eiweiß, Fette und Kohlenhydrate in ihre einfachen Grundbausteine. Aus denen werden dann im Körper neues Eiweiß und Fett hergestellt oder Energie liefernde Stoffe erzeugt, die mit dem Blutstrom in alle Körperbereiche gelangen.

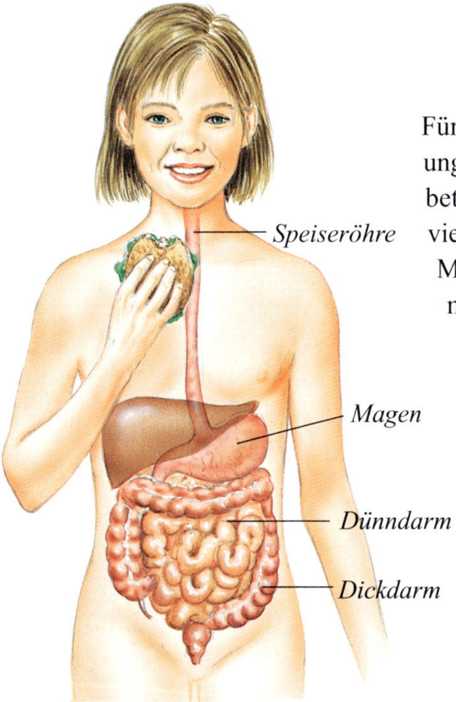

Nach 3 bis 6 Stunden Aufenthalt im Magen gelangt der Nahrungsbrei in den Darm.

Für diese Vorgänge ist zunächst das Verdauungssystem nötig, an dem zahlreiche Organe beteiligt sind. Es besteht aus einem langen, vielfach gewundenen Schlauch, der mit dem Mund beginnt und nach rund 8 Metern Länge mit dem After endet.

Vom Mund aus gleiten die eingespeichelten Bissen durch die Speiseröhre in den Magen. Das ist ein muskulöser Hohlraum, der an beiden Enden mit Schließmuskeln versperrt ist. Die Magenwand ist mit einer Schleimhaut ausgekleidet, in der etwa 30 Millionen Drüsen liegen, die ständig Magensaft erzeugen. Der Saft enthält Stoffe, die Eiweiß verdauen und verdünnte Salzsäure, die die Bakterien in der Nahrung tötet. Die Muskeln kneten den Magen und vermischen dadurch Magensaft, Speisen und Getränke zu einem flüssigen Nahrungsbrei.

Der Blinddarm hat noch ein kleines blind endendes Anhängsel, den „Wurmfortsatz“. Er spielt vermutlich in der Abwehr von Krankheitserregern eine Rolle. Bei manchen Menschen entzündet er sich, das nennt man fälschlich „Blinddarmentzündung“.

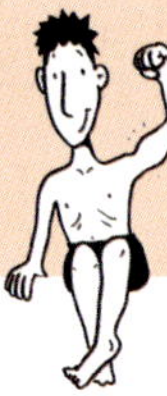

Dünndarmzotten

Wie wichtig ist der Dünndarm?

Der Darm ist das eigentliche Verdauungsorgan. Beim Erwachsenen ist der Darm rund 7 Meter lang, hat etwa 4 Zentimeter Durchmesser und ist Platz sparend im Bauch zusammenlegt. In der Darmwand liegen ringförmige Muskeln, die den Nahrungsbrei durchkneten und Stück für Stück vorwärts drücken. Rund 10 bis 14 Liter muss der Darm Tag für Tag verarbeiten.

Vom Magen aus gerät der Nahrungsbrei in den Zwölffingerdarm, dem ersten Teil des Dünndarms. Die meisten und wichtigsten Hilfsstoffe für die Verdauung bildet die Bauchspeicheldrüse. Ihre Produkte zerlegen Eiweiß, Fette und Kohlenhydrate.

Die Wand des Dünndarms besitzt Millionen von Ausstülpungen, die „Darmzotten“. Sie vergrößern die Oberfläche der Darmwand stark, enthalten zahlreiche Blutgefäße und erleichtern so den Übertritt der verdauten Nährstoffe in den Körper. Zusätzlich trägt jede Zotte auf ihrer Oberfläche Millionen von noch kleineren „Mikrozotten“, die für intensiven Kontakt zwischen Nahrungsbrei und Darmwand sorgen.

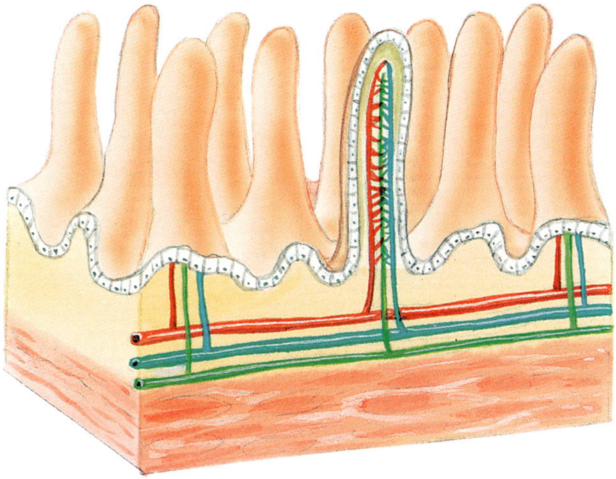

Jede Darmzotte ist gut durchblutet, damit die Nährstoffe aus dem Nahrungsbrei aufgenommen werden können.

Welche Funktion erfüllt der Dickdarm?

Der knapp 2 Meter lange Dickdarm hat seinen Namen nicht, weil er besonders dick ist, sondern weil er den Nahrungsbrei eindickt. Er entzieht dem dünnflüssigen Nahrungsbrei mit den unverdaulichen Resten viel Wasser.

Der obere Teil des Dickdarms, der Blinddarm, verhindert, dass Nahrungsbrei zurück in den Dünndarm fließt. Der untere Teil des Dickdarms, der Mastdarm, dient vor allem als Aufbewahrungsort für den Stuhl. Er besitzt Schleim absondernde Drüsen, die den Stuhl gleitfähig machen.

Der Stuhl besteht aus den unverdaulichen Nahrungsresten, zahlreichen Darmbakterien und etwa 70 bis 90 Prozent Wasser. Die braune Farbe stammt von Farbstoffen der Galle, die beim Darmdurchgang chemisch verändert wurden.

Das alte Sprichwort „Jedem Böhnchen folgt ein Tönchen“ hat durchaus seine Berechtigung. Ursache für die vermehrte Gasproduktion im Darm sind bestimmte Zuckerstoffe in den Hülsenfrüchten, die unser Körper nicht verdauen kann. Diese Zuckerstoffe sind jedoch Futter für die Darmbakterien, die bei der Zuckerzersetzung besonders viel Gas erzeugen.

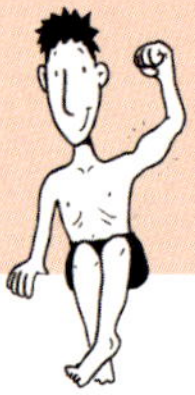

Wie entsteht Urin?

Urin entsteht durch die Reinigung des Blutes in den Nieren. Die Nieren sind zwei faustgroße Organe, die etwa die Form einer Bohne haben und in der Taille zu beiden Seiten der Wirbelsäule sitzen. Sie sind stark durchblutet und enthalten etwa 2 Millionen Nephronen. Das sind winzige Gebilde aus sehr dünnwandigen Blutadern und einem haarfeinen Kanälchen. Die Nephronen wirken wie Blutfilter: Sie nehmen alle giftigen oder schädlichen Stoffe und Abfallprodukte aus dem Blut auf. Außerdem regeln sie den Wasser- und Salzhaushalt des Körpers und entziehen dem Blut überschüssiges Wasser.

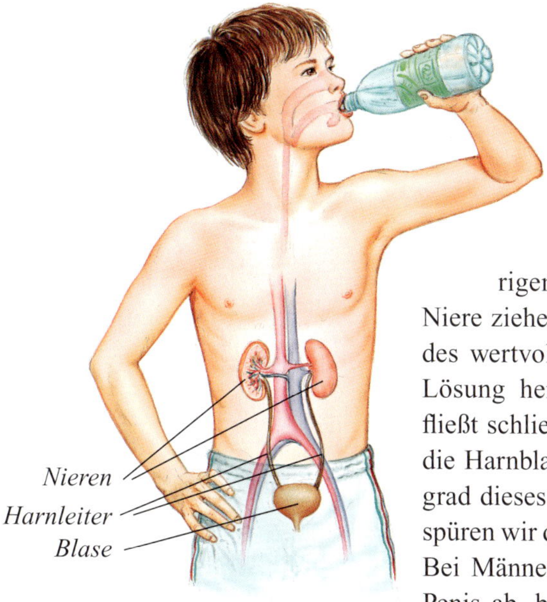

Urin besteht zu etwa 95 Prozent aus Wasser, außerdem aus gelösten Salzen und anderen Stoffen.

In den haarfeinen Kanälchen der Nephronen sammeln sich täglich etwa 160 Liter einer wässrigen Lösung. Andere Teile der Niere ziehen allerdings den größten Teil des wertvollen Wassers wieder aus der Lösung heraus. Der entstandene Urin fließt schließlich durch die Harnleiter in die Harnblase. Ab einem gewissen Füllgrad dieses muskulösen Sammelgefäßes spüren wir das als „Druck auf der Blase". Bei Männern fließt der Urin durch den Penis ab, bei Frauen mündet die Harnröhre zwischen den Schamlippen. Die gelbe Farbe des Urins entsteht durch natürliche Abbauprodukte des Blutes.

Warum werden wir nach dem Essen müde?

Die Müdigkeit nach dem Essen hängt zum Teil mit den biologischen Rhythmen unseres Körpers zusammen. Unsere Leistungsfähigkeit nimmt nach dem Aufwachen langsam zu, erreicht am späten Vormittag einen Höhepunkt und fällt nach dem Mittag wieder ab. Gerade nach dem Mittagessen sinkt unsere Aufmerksamkeit also stark. Ein zweiter Grund könnten bestimmte Stoffe sein, die während des Verdauungsvorgangs gebildet werden, ins Blut übergehen und dämpfend aufs Gehirn wirken. Außerdem belastet der Verdauungsvorgang und der volle Magen den Körper – was auch müde macht.

Atmung

Wir können notfalls mehrere Wochen aushalten, ohne etwas zu essen, mehrere Tage, ohne etwas zu trinken, aber höchstens zwei bis drei Minuten, ohne zu atmen. Wozu braucht der Körper so viel Luft?

In einer Flamme wird mithilfe von Sauerstoff Energie freigesetzt – wie in unserem Körper.

Warum müssen wir atmen?

Rund 10000 Liter Luft atmet jeder Mensch pro Tag ein und aus. Wer sich viel bewegt, verbraucht sogar noch viel mehr Luft. Das Atmen funktioniert meist ganz automatisch. Man kann zwar bewusst schneller oder tiefer atmen und auch kurzzeitig den Atem anhalten. Aber niemand kann auf Dauer das Luftholen stoppen – nach kurzer Zeit wird der Drang zum Atmen unwiderstehlich.

Der Körper ist auf ständige Luftzufuhr angewiesen. Genau genommen braucht er einen bestimmten Bestandteil der Luft, nämlich den Sauerstoff. Dieses Gas ist zu etwa 21 Prozent in der Luft enthalten, weil es ständig von grünen Pflanzen freigesetzt wird. Wir brauchen Sauerstoff, um die aufgenommenen Nahrungsstoffe zu verarbeiten und dabei die darin enthaltene Energie zu nutzen. Das ist im Grunde der gleiche Vorgang, der bei einer brennenden Kerze abläuft: Brennbares Material, das also chemisch gespeicherte Energie enthält, wird in der Kerzenflamme mit Luftsauerstoff chemisch umgesetzt. Dabei entstehen gasförmige Verbrennungsprodukte, vor allem Kohlendioxidgas und Wärme.

Im Körper läuft dieser Vorgang stark gezügelt ab; die Hitze einer Flamme würde die inneren Organe ja verbrennen. Deshalb werden die verschiedenen energiehaltigen Stoffe in der Nahrung in vielen kleinen Schritten mit Sauerstoff umgesetzt. Aber auch dabei wird Kohlendioxidgas als Abfallprodukt frei. Es ist in größeren Mengen giftig und darf sich nicht im Körper ansammeln. Bei jedem Ausatmen wird daher ein Teil des Gases aus dem Körper entfernt.

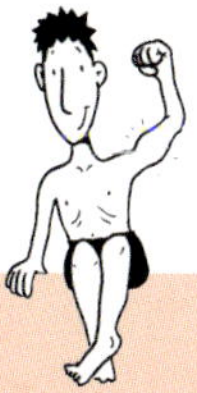

Jeden Tag atmen wir etwa 15 bis 30-mal pro Minute. Dabei strömen mindestens 10 000 Liter Luft ein und aus. Diese Luftmenge entspricht immerhin dem Inhalt von 1 000 Eimern. Und die vielen winzigen Bläschen in der Lunge, durch die der Luftsauerstoff ins Blut tritt, bilden aneinander gelegt eine Fläche von 70 bis 90 Quadratmetern. Das ist etwa halb so groß wie ein Tennisplatz!

Wie kommt die Luft in den Körper?

Mehrere Organe und Einrichtungen des Körpers arbeiten daran, den Sauerstoff aufzunehmen und mit dem Blutstrom in alle Teile des Körpers zu befördern sowie das Abfallprodukt Kohlendioxidgas zu entfernen: Die Luft strömt beim Einatmen durch Nase oder Mund in den Körper, passiert den Rachen und die Kehle und fließt dann durch die Luftröhre und die zwei Bronchien in die Lunge. Dieses Organ besteht aus zwei Teilen, dem rechten und dem linken Lungenflügel. Sie bestehen jeweils aus etwa 300 Millionen Lungenbläschen. Die Wände der Lungenbläschen sind überzogen von einem Geflecht feinster Blutadern. Ihre Wand ist so dünn, dass Gase leicht hindurchtreten können. In ihnen findet der Gasaustausch statt: Sauerstoff tritt ins Blut ein, und Kohlendioxid tritt aus und wird ausgeatmet.

Die Lunge sitzt in einem Körperhohlraum, der rundherum feste muskulöse Wände besitzt. Die Unterseite bildet ein kräftiger Muskel, das Zwerchfell. Beim Einatmen werden die Muskeln gespannt, so dass sich der Brustkorb dehnt und die Lunge auseinander gezogen wird: Luft wird durch die Luftröhre eingesaugt. Beim Ausatmen entspannt man die Brustkorbmuskeln, die Lunge sackt wieder in sich zusammen: Luft wird herausgepresst.

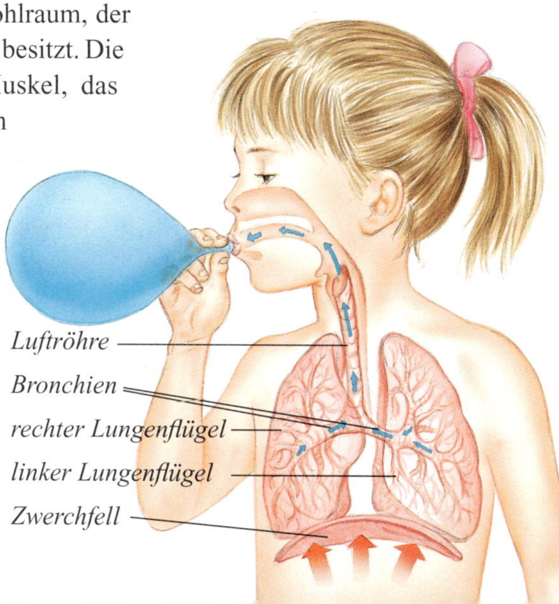

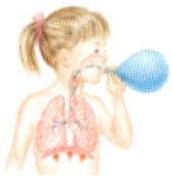

Wie lange kann man die Luft anhalten?

Das hängt stark von der Übung ab sowie davon, wie lange und tief man zuvor geatmet hat und ob man sich dabei körperlich bewegt. Die meisten Menschen müssen beim Unterwasserschwimmen schon nach 1 bis 2 Minuten Luft holen. Versucht man, länger die Luft anzuhalten, erzwingt der Körper mit ganz starker und schmerzhafter Atemnot das Atmen. Lebensgefährlich wird es allerdings, wenn man sich selbst oder Anderen das Atmen unmöglich macht. Kinder sind zum Beispiel schon beim Spielen mit Plastiktüten erstickt, die sie sich selber oder die ihnen Spielkameraden übergezogen hatten. Auch Fremdkörper in der Luftröhre, etwa ein versehentlich beim Essen hineingeratener Bissen, können die Atmung blockieren. Spätestens nach drei bis vier Minuten ohne Luftzufuhr wird es gefährlich: Das Gehirn bekommt nicht genügend Sauerstoff, man wird ohnmächtig.

Es gibt auch Menschen, die das Luftanhalten trainieren und dann bemerkenswerte Leistungen vollbringen, wie zum Beispiel die Apnoe-Taucher. Sie nutzen keine Atemgeräte, erreichen aber bis zu 100 Meter Wassertiefe und bleiben sogar über 7 Minuten unter Wasser. Das sind allerdings Rekordwerte, und nicht selten erleiden solche Taucher Ohnmachtsanfälle und Gesundheitsschäden.

Wenn man sich körperlich sehr anstrengt, verbrauchen die Muskeln schneller Sauerstoff, als ihnen das Blut zuführen kann, obwohl das Herz schneller schlägt und die Lungen kräftiger Luft holen. Das schadet aber nichts, weil die Muskeln in solchen Fällen auch ohne Sauerstoff Energie erzeugen können – wenn auch nicht so wirkungsvoll. Sie können sozusagen „ihr Konto überziehen“. Beim Ausruhen wird diese „Sauerstoffschuld“ dann wieder ausgeglichen; in dieser Zeit fühlen wir uns außer Atem.

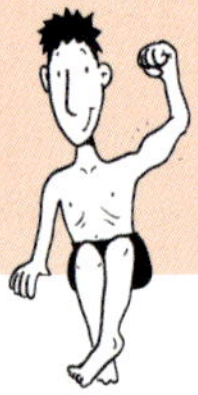

Wie entsteht die Stimme?

Der Luftstrom beim Atmen dient gleichzeitig auch zum Erzeugen von Lauten, die für die Verständigung unter den Artgenossen nötig sind. Beim Menschen nennen wir diese Laute Stimme.

Das Organ, in dem unsere Stimme entsteht, ist der Kehlkopf. Er ist knapp 4 Zentimeter lang, sitzt oben an der Luftröhre und besteht aus 9 Knorpelstücken. Sie sind durch Muskeln und Bänder verbunden. Eines ist größer und ragt etwas weiter vor; dieser Schildknorpel ist vorn am Hals als „Adamsapfel" zu fühlen. An der oberen Öffnung des Kehlkopfs sitzen zwei zähe Gewebestücke, die Stimmbänder. Sie sind mit Muskeln verbunden, die sie straffen oder lockern können und die die Öffnung zwischen ihnen, die Stimmritze, vergrößern oder verkleinern.

Beim Singen versetzen wir die Stimmbänder in Schwingung.

Strömt Luft durch die enge Stimmritze hindurch, versetzt sie die Stimmbänder ins Schwingen – ähnlich wie man ein vor den Mund gepresstes Stück Papier durch geschicktes Anblasen zum Schwingen und Summen bringen kann. Die Tonhöhe kann man durch Verändern des Luftstroms, der Spannung der Stimmbänder und der Größe der Öffnung verändern – je kleiner die Öffnung, desto höher der Ton. Deshalb haben Erwachsene mit großem Kehlkopf tiefere Stimmen als Kinder. Meist ist die Stimmritze bei Männern auch größer als bei Frauen.

Beim Sprechen und Singen ist die Stimme aber nur das „Rohmaterial". Sie wird durch Gaumen, Zunge und Lippen zu Liedern und Worten geformt. Beim Flüstern formt man so Laute nur durch einen schwachen Luftstrom; dabei werden die Stimmbänder durch die Muskeln so straff gespannt, dass sie nicht ins Schwingen kommen.

Was ist der Stimmbruch?

Das Erzeugen von Lauten bestimmter Tonhöhe und das Sprechen lernen wir alle in früher Kindheit – so gut, dass wir es automatisch können, ähnlich wie Schlucken, Atmen und Gehen. Probleme gibt es allerdings, wenn sich die körperlichen Voraussetzungen verändern. Das passiert zum Beispiel beim Heranwachsenden in einer kurzen Zeitspanne, die „Pubertät“ genannt wird. In dieser Zeit stellt sich der Körper um von Kind auf Erwachsener. Die Geschlechtsmerkmale wie Brüste, Schamhaar und Bart entwickeln sich, der Körperbau verändert sich, und dabei wird auch der Kehlkopf größer, besonders bei Jungen. Dadurch wird die Stimme tiefer; diesen Übergang nennt man Stimmbruch.

Ein junger Mann muss erst lernen, mit dem größeren Kehlkopf zu sprechen und die Muskeln der Stimmbänder richtig zu gebrauchen. In der Übergangsphase kommt es gelegentlich zu Schwankungen der Tonhöhe beim Sprechen und Singen. Das ist manchen Menschen peinlich, sollte es aber nicht: Es gehört zu den normalen Erscheinungen, die die Körperveränderung zum Erwachsenen mit sich bringt und geht auch schnell wieder vorbei.

Was passiert, wenn man sich „verschluckt“?

Viele Dinge in unserem Körper laufen völlig selbsttätig ab, ohne dass wir uns darum kümmern müssen. So können wir von Geburt an schlucken und saugen und sogar dabei atmen. Schaut man genauer hin, ist das eine erstaunliche Leistung des Körpers. Vom Rachen aus gehen schließlich zwei Wege ab: die Speiseröhre zum Magen und der Kehlkopf mit der Luftröhre zu den Lungen. Während Luft in der Speiseröhre nicht schadet – sie ist sowieso offen und luftgefüllt – kann Flüssigkeit und erst recht feste Nahrung die empfindlichen Atemwege und besonders die Lunge schä-

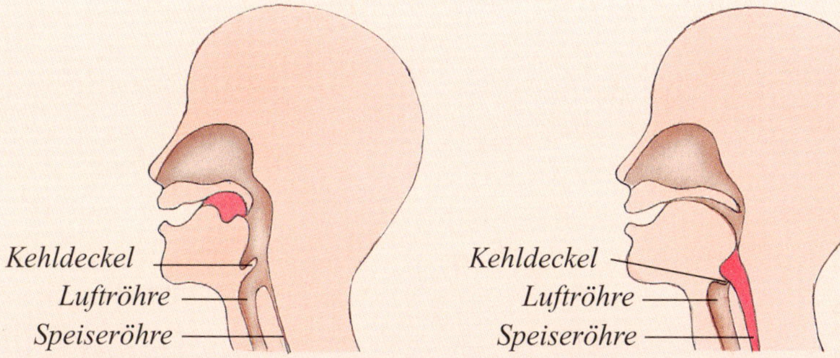

Beim Schlucken eines Nahrungsbissens verschließt der Kehlkopf die Luftröhre, so dass der Bissen nur die Speiseröhre hinuntergleiten kann.

digen. Daher besitzt der Kehlkopf einen Deckel, der beim Schlucken automatisch die Luftröhre verschließt.

Aber dieser Reflex kann auch mal gestört werden, wenn man gleichzeitig spricht und isst, wenn man einen zu großen Brocken schluckt oder wenn man aus Versehen beim Trinken einatmet. Dann löst der Fremdkörper sofort einen Hustenreiz aus, der ihn mit einem Luftschwall wieder aus der Luftröhre befördert.

Was bringt uns zum Gähnen?

Hoffentlich nicht dieses Buch. Tatsächlich ist Gähnen nicht unbedingt ein Zeichen dafür, dass man sich langweilt. Es ist vermutlich eine automatische Reaktion des Körpers, ein Reflex auf Sauerstoffmangel. Er tritt ein, wenn man längere Zeit nur „flach“ geatmet hat. Zum Beispiel, wenn man sich ruhig sitzend auf ein Buch konzentriert hat oder wenn man müde ist. Flache Atmung bedeutet, dass man einen kleineren Teil der Luftmenge in den Lungen austauscht als bei der „normalen" Atmung. Dann steigt langsam der Kohlendioxidanteil im Blut, während der Sauerstoffanteil abnimmt. Überschreitet der Sauerstoffmangel einen bestimmten Wert, wird der Gähnreflex ausgelöst – erst recht dann, wenn man in dieser Situation jemand anderen gähnen sieht. Das Gähnen bewirkt einige tiefere Atemzüge und behebt das Problem. Allerdings meist nur vorübergehend. Erst ein Spaziergang an der frischen Luft mit vielen tiefen Atemzügen oder aktives, kräftiges Atmen beseitigt den Reflex für längere Zeit. Oder man legt sich ins Bett: Im Liegen braucht der Körper weniger Sauerstoff, weil viele Muskeln nun erschlaffen können, und auch das behebt den Sauerstoffmangel.

Was geschieht beim Niesen?

Unsere Nasenschleimhäute fangen Schmutzteilchen auf, die ausgehustet oder verschluckt werden. Millionen winziger Härchen befördern dabei kleine Fremdkörper durch ihre Bewegung Richtung Mund und Nase. Manchmal setzen sich aber auf den Schleimhäuten der Nase Fremdkörper fest, die so nicht zu entfernen sind oder besonders schnell beseitigt werden müssen, weil sie die Haut reizen. Das können Haus- und Blütenstaub, Krankheitserreger oder bestimmte chemische Stoffe sein. Die Schleimhäute geben dann ein Signal an das Atmungs-Steuerzentrum im Gehirn: den „Niesreiz". Er löst einen innerhalb von ein bis zwei Sekunden ablaufenden automatischen Vorgang, einen Reflex, aus. Der Brustkorb dehnt sich, man atmet tief ein. Dann schließen sich die Atemwege und die Brust drückt auf die Lunge, bis die Luft unter hohem Druck steht. Nun

Beim Niesen sollte man lieber die Hand vorhalten, denn es werden zahlreiche Flüssigkeitströpfchen meterweit herausgeschleudert.

öffnen sich plötzlich die Atemwege, und ein Luftschwall schießt heraus und entweicht aus Nase und Mund. Dabei reißt er den Fremdkörper mit.

Es gibt einen bestimmten Prozentsatz Menschen, etwa 20 bis 30 Prozent, die einen kribbelnden Niesreiz zum Auslösen bringen können, indem sie in helles Licht oder in die Sonne schauen. Bei anderen Menschen funktioniert das aber nicht. Diese Fähigkeit scheint erblich zu sein. Sie hängt vermutlich mit bestimmten Nervenverbindungen im Gehirn zusammen.

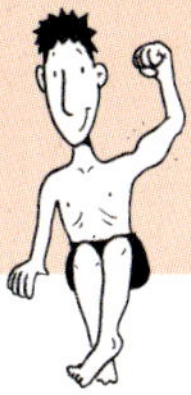

Wie entsteht der Schluckauf?

Er ist lästig und oft peinlich: der Schluckauf. Ursache ist das Zwerchfell, der Muskel zwischen Brust- und Bauchraum, der zum Atmen wichtig ist. Kalte Getränke, zu schnelles Essen oder zu stark gewürzte Speisen können das Zwerchfell reizen. Dann zieht es sich ruckartig zusammen, wodurch die Lunge ebenso ruckartig Luft einsaugt. Das wiederum führt dazu, dass sich die Stimmritze im Kehlkopf schließt – und so entsteht das typische „Hicks“.

Es gibt viele Mittel, die man gegen Schluckauf probieren kann: Ablenkung, ein Glas warme Milch oder ein Stück Zucker. Manchmal hilft es auch, einige Zeit den Atem anzuhalten. Oder man konzentriert sich auf seine Zwerchfellregion und versucht, sie durch gezieltes Entspannen zu beruhigen.

Denken und Fühlen

Wie jeder Organismus können wir nur im Kontakt mit der Umwelt überleben. Wir müssen Informationen sammeln, intelligent verarbeiten und danach geschickt handeln. Dafür sind unsere Sinnesorgane und vor allem das Nervensystem und dessen Zentrum, das Gehirn, zuständig.

Was sind Nerven?

Zu den erstaunlichsten Zelltypen unseres Körpers gehören die Nervenzellen. Ihre Aufgabe ist es, Botschaften durch den Körper zu leiten. Sie bilden sozusagen das Computernetzwerk des Körpers, übertragen Signale von den Sinneszellen des Körpers zum Gehirn und Befehle vom Gehirn zu den Muskeln.

Die Form der Nervenzellen ist sehr ungewöhnlich. Sie bestehen meist aus sternähnlichen Gebilden, aus denen über 1 000 kurze Fasern wachsen. Man nennt diese Fasern Dendriten (griechisch „dendros“, Baum), weil sie sich astartig verzweigen. Außerdem besitzt jede Nervenzelle einen haardünnen Fortsatz, das Axon, der meterlang sein kann. Meist ist sein Ende auch etwas verästelt. Über die Endpunkte der Dendriten und des Axons ist jede Nervenzelle mit Sinneszellen, Muskelzellen oder anderen Nervenzellen verbunden. Dabei können die Dendriten Signale aufnehmen, das Axon nur Signale abgeben.

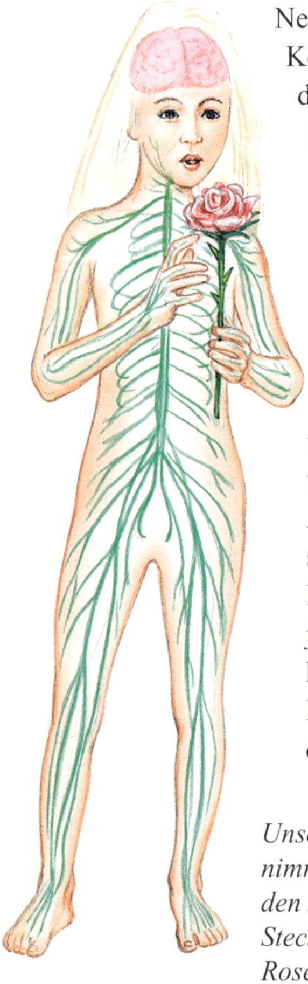

Unser Nervensystem nimmt Eindrücke wie den Schmerz beim Stechen an einem Rosendorn auf und leitet ihn zum Gehirn.

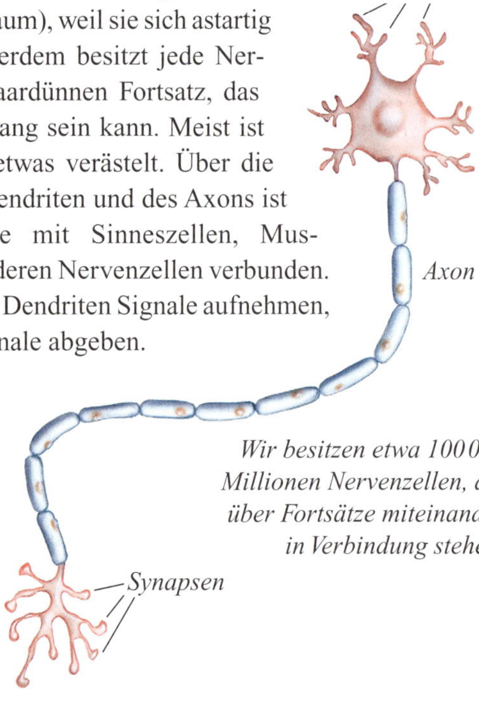

Wir besitzen etwa 100 000 Millionen Nervenzellen, die über Fortsätze miteinander in Verbindung stehen.

Wie können Nerven Signale übertragen?

Nerven übertragen ihre Signale erstaunlicherweise so ähnlich wie Telefondrähte, nämlich elektrisch: Solange eine Nervenzelle kein Signal überträgt, sammeln sich im Zellinnern negativ elektrisch geladene Teilchen, während jenseits der dünnen Zellwand vor allem positiv geladene Teilchen herumschwimmen. Die Zellwand ist die Grenze; die Teilchen können sie nicht durchdringen. Das bedeutet: Zwischen dem Zellinneren und dem Raum außerhalb der Zelle besteht eine elektrische Spannung. Nimmt nun ein Ende der Nervenzelle ein Signal auf, wird die Zellwand plötzlich für einen Moment durchlässig. Die positiv geladenen Teilchen strömen – angezogen von den negativ geladenen – blitzschnell ins Zellinnere. Die Folge: Die elektrische Spannung an der Zelle bricht zusammen.

Diese Spannungsänderung läuft wie eine Welle mit bis zu 100 Metern pro Sekunde an der Nervenfaser entlang. Schon im nächsten Moment treten winzige „Molekülpumpen“ in der Zellwand in Aktion, die die positiven Teilchen wieder hinausbefördern und den alten Zustand wiederherstellen, damit die Zelle für ein neues Signal bereit ist und es weiterleiten kann.

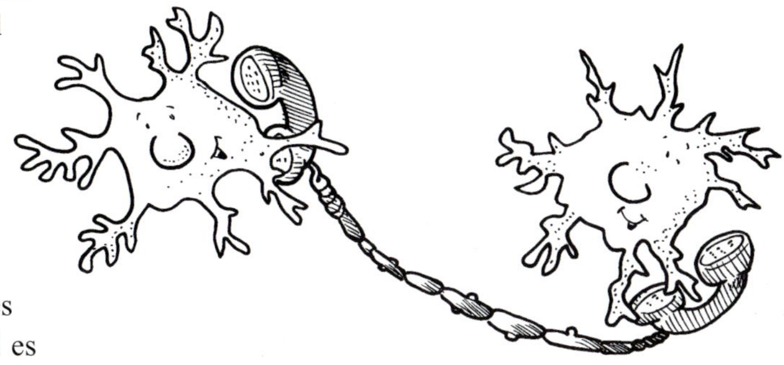

Nerven sind mit Muskel- und Sinneszellen nicht direkt verbunden. Ein winziger Spalt liegt dazwischen, die Synapse. Hier werden die Signale nicht elektrisch, sondern auf chemischem Wege übertragen. Ein ankommendes Nervensignal setzt dabei winzige Mengen bestimmter Substanzen am Nervenende frei. Diese Botenstoffe lösen an der anderen Zelle wiederum elektrische Nervenimpulse aus.

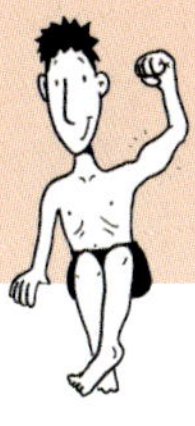

Eine Nervenzelle kennt nur die beiden Möglichkeiten „volle elektrische Spannung“ und „keine Spannung“. Wenn eine Schmerz-Sinneszelle erst leichte Berührung und dann heftige Reizung signalisiert, ändert sich die Stärke des Nervensignals daher nicht. Was ansteigt, ist nur die Zahl der Nervenimpulse pro Sekunde. Das ist ungefähr so, als ob wir im Notfall nicht lauter, sondern immer häufiger um Hilfe rufen, je schlechter es uns geht.

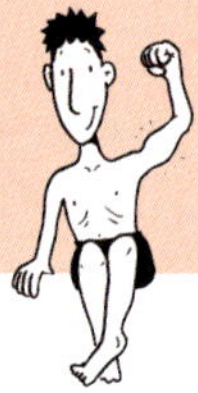

Was enthält das Gehirn?

Es ist das erstaunlichste Organ, das es in unserem Körper gibt, und es hat die Erde stärker verwandelt als je ein Organ zuvor: unser Gehirn. Wie die etwa 1500 Gramm schwere Gehirnmasse genau funktioniert, ist allerdings immer noch nicht bekannt; trotz aller Anstrengungen der Hirnforscher birgt es noch viele Rätsel.

Geformt ist das Gehirn aus Nervenzellen. Es ist das Zentrum unseres Nervensystems und über Nervenbahnen mit allen Teilen des Körpers verbunden. Aneinander gelegt sind diese Nerven 1,6 Millionen Kilometer lang, das entspricht dem Fünffachen der Entfernung zum Mond. Weil jede der Nervenzellen über ihre zahlreichen Fortsätze, Dendriten und Axone, mit anderen Nervenzellen verbunden ist, bilden sie ein hoch kompliziertes Geflecht mit Billionen von Verknüpfungen. Dazu kommen zahlreiche Zellen, die Hilfsaufgaben übernehmen, etwa das Versorgen und Stützen der Nervenzellen. Alles zusammen ist – gut geschützt durch die dicken Schädelknochen und eingebettet in eine Stöße mindernde Flüssigkeit – in unserem Schädel untergebracht.

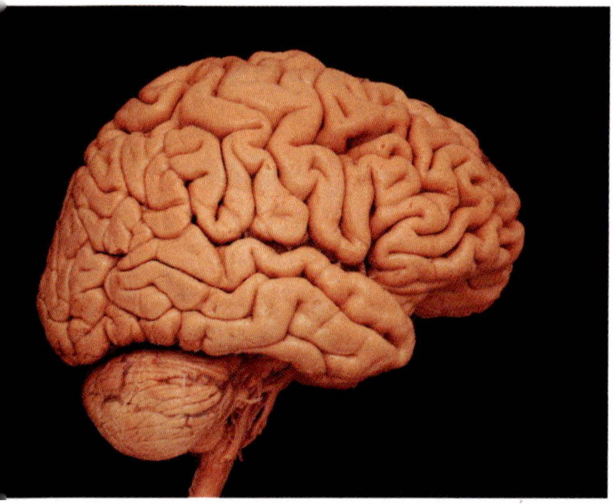

Die weitaus meisten unserer 100 Milliarden Nervenzellen sitzen im Gehirn.

Wie ist das Gehirn gebaut?

Hirnforscher unterscheiden fünf Bereiche des Hirns. Der größte Teil ist das Groß- oder Vorderhirn – unser eigentliches Denkorgan. Die Oberfläche des Großhirns ist vielfach gefurcht. Nur ihre oberste, etwa 2 Millimeter dicke graue Schicht, die Hirnrinde, besteht tatsächlich aus Nervenzellen, das helle Mark darunter enthält nur Nervenbahnen.

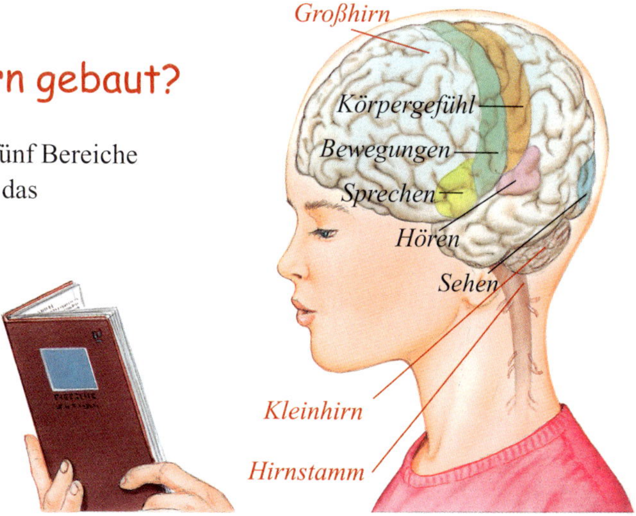

Im Großhirn laufen Leistungen wie logisches Denken, Sprechen und Hören, Lernen und Erinnern, Rechnen, Schreiben und Musizieren ab.

Umhüllt vom Großhirn liegt das Zwischenhirn. Es bearbeitet die Signale, die von den Sinnesorganen kommen und bereitet sie fürs Großhirn auf. Es steuert Wasserhaushalt und Körpertemperatur und kontrolliert vermutlich Grundgefühle wie Hunger, Sexualität, Angst und Freude. Ein Teil des Zwischenhirns, die Zirbeldrüse, steuert den Tag-Nacht-Rhythmus des Menschen. Und die erbsengroße Hirnanhangsdrüse oder Hypophyse gibt Botenstoffe ins Blut, die Wachstum und Geschlechtsverhalten regeln.

Unter dem Zwischenhirn sitzt der Hirnstamm. Hier werden unwillkürlich ablaufende Körperfunktionen wie Atmung, Blutdruck, Schlucken, Herzschlag, Verdauung gesteuert. Das Kleinhirn schließlich kontrolliert unsere Bewegungen und sorgt dafür, dass wir dabei das Gleichgewicht halten.

Obwohl unser Gehirn nur 2 Prozent des Körpergewichts ausmacht, verbraucht es ein volles Fünftel der im Blutstrom kreisenden Nährstoffe und auch entsprechend viel Sauerstoff. Deshalb wird man bei Atemstillstand schnell ohnmächtig. Wenige Minuten ohne Sauerstoff schädigen die Gehirnzellen schwer.

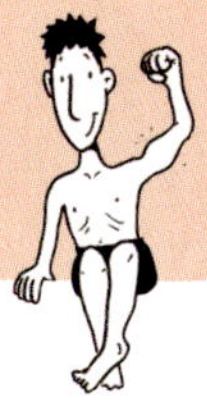

Wie steuert das Gehirn unseren Körper?

Vom Gehirn aus führen zahlreiche Nervenbahnen zu allen Bereichen des Körpers. Sie haben jeweils unterschiedliche Aufgaben. Ein Teil ist für die Körperfunktionen zuständig, die automatisch ablaufen und die wir nicht willentlich beeinflussen können – etwa die Atmung, Magen- und Darmsystem, Pupillen, Tränendrüsen, Speicheldrüsen, Herzschlag, Blutgefäße, Drüsen, Nieren und Harnblase und viele mit der Fortpflanzung zusammenhängende Abläufe.

Ein weiteres Nervensystem verbindet Hirn und Außenwelt. Einige seiner Nerven leiten die Signale von den Sinneszellen ins Gehirn. Solche Sinneszellen sitzen nicht nur in Auge, Ohr, Nase und auf der Zunge: Zellen, die auf Temperatur, Druck, Schmerz oder Berührung reagieren, sind zu Millionen im Körper verteilt. Nur nicht im Gehirn selbst – es ist frei von Schmerzsensoren. Die Reaktionen des Gehirns wandern auf anderen Nervenbahnen zu den Muskeln. Ihr Endstück grenzt an Skelettmuskelzellen. Trifft ein Nervenimpuls ein, ziehen sich die Muskelzellen zusammen.

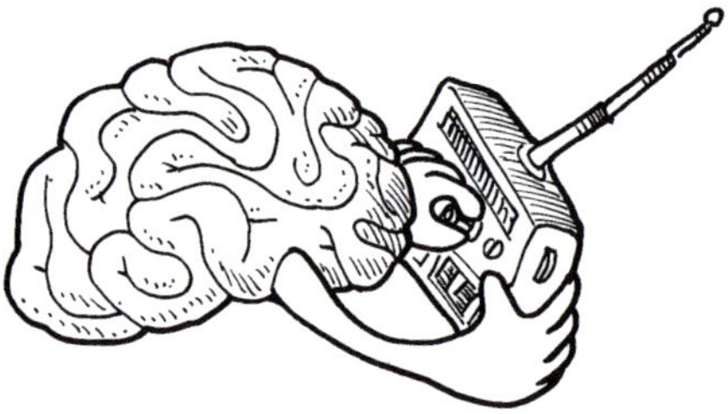

Sind Arme oder Beine durch langes Verharren in der gleichen Haltung „eingeschlafen“, kribbeln sie kräftig, wenn sie wieder beweglich werden. Ursache ist eine leichte Unterbrechung der Nervenbahnen, die teils dicht unter der Haut verlaufen. „Erwachen“ sie dann langsam wieder, senden sie zunächst wirre Impulse ans Hirn, die wir als Kribbeln empfinden.

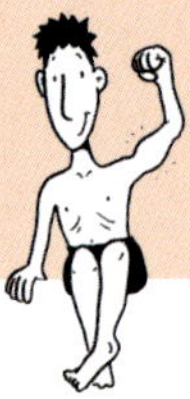

Was ist das Gedächtnis?

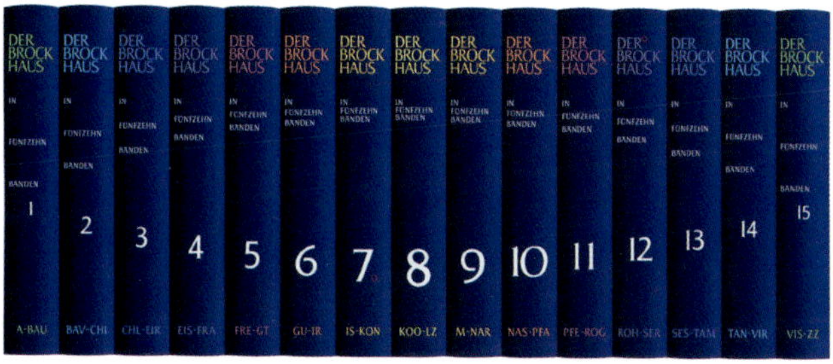

Unser Gedächtnis speichert – im Gegensatz zu einem Lexikon – auch viele verknüpfte Informationen.

Unser Gedächtnis speichert nicht nur „Lexikonwissen“ wie etwa den Namen des höchsten Bergs der Erde oder was eine Kuh gerne frisst. Wir haben auch Szenen aus unserem Leben gespeichert: Bilder von Verwandten und Freunden einschließlich Erinnerungen über deren Wesen und Handlungen, Worte und Grammatik unserer Sprache, Melodien, Kunstwerke, Erinnerungen an Geschmäcker, Gerüche und Gefühle. Und natürlich Fähigkeiten wie Gehen, Schwimmen, Fahrradfahren, Rechnen, Lesen und Schreiben und fast unendlich vieles mehr. Bei den meisten dieser Erinnerungen haben wir nicht einmal Mühe, sie abzurufen, sie sind dank ständigen Anwendens und Übens blitzschnell „da“.

Lange Zeit haben sich die Forscher vorgestellt, es gäbe im Gehirn einen speziellen Gedächtnisbereich, etwa so wie ein Haus vielleicht einen Bibliotheksraum besitzt. Heute wissen wir, dass das nicht so ist. Das Gedächtnis ist über weite Teile des Gehirns verteilt. Wie die Speicherung aber genau funktioniert, ist noch Gegenstand der Forschungen.

Ist das Gedächtnis irgendwann voll?

Selbst bei intensivem, lebenslangem Lernen läuft der Gedächtnisspeicher nicht über. Denn nur ein winziger Bruchteil aller Informationen, die wir ständig aufnehmen, rutscht überhaupt ins Gedächtnis. Immerhin nehmen wir in jeder Sekunde während des Wachseins Bilder und Töne auf. Würden wir alles wie ein Videorekorder speichern, wäre das Gedächtnis schnell voll. Solche Informationen landen in einem Ultrakurzzeitgedächtnis und

sind schon nach ein paar Sekunden wieder vergessen. Wir picken uns nur wenige Dinge heraus, die für uns von Interesse sind.

Die Fähigkeit des Vergessens ist natürlich lästig, wenn man bestimmte Dinge lernen will oder soll – wie zum Beispiel Vokabeln. Wichtig dabei ist häufiges Wiederholen und Anwenden des gelernten Wissens, damit es vom Kurzzeit- ins Langzeitgedächtnis überwechselt. Allerdings verblasst Wissen, das nie gebraucht wird. Wer in der Schule einmal gut Französisch gekonnt hat, es dann 20 Jahre nicht spricht und plötzlich wieder braucht, wird nach vielen Vokabeln vergeblich suchen.

Wie kann man sich Dinge merken?

Wir besitzen mehrere Arten von Gedächtnis. Sie unterscheiden sich in der Zeitdauer, für die sie Informationen speichern. Dinge, die wir gut beherrschen, sind im Langzeitgedächtnis festgehalten. Daneben haben wir einen

Die Teeflecken im Buch erinnern an die Situation, bei der die Katze die Teetasse umstieß.

Speicher für Dinge, die wir höchstens einige Minuten behalten müssen. In dieses Kurzzeitgedächtnis kommen die meisten Eindrücke aus dem täglichen Leben, etwa wie viel wir gerade an der Supermarktkasse bezahlt haben. Solche eher unwichtigen Dinge haben wir schon eine Stunde später weit gehend vergessen – es sei denn, es ist etwas Wichtiges geschehen: Hat die Katze etwa während des Telefongesprächs die Teetasse über das Buch gegossen, erinnern wir uns an den Vorfall unter Umständen noch Monate später – auf jeden Fall ist der gesamte Vorgang mit vielen Einzelheiten wieder im Gedächtnis, wenn wir die Teeflecken im Buch sehen.

Warum muss man schlafen?

Vielleicht braucht der Körper Ruhezeiten, um sich zu erholen oder beschädigte Zellen zu reparieren. Vielleicht ist der Schlaf auch nur ein alter Trick der Natur, damit Lebewesen mit weniger Nahrung pro Tag auskommen oder sich nachts verstecken. Auch wenn manche Menschen mit wenigen Stunden Schlaf pro Tag auskommen; ganz ohne Schlaf geht es nicht: Hindert man Menschen oder Tiere längere Zeit am Schlafen, führt das zu geistigen und körperlichen Störungen und in schlimmen Fällen zum Tod.

Im Laufe eines 80-jährigen Lebens verschlafen wir rund 25 Jahre.

Das Schlafbedürfnis steuert der Körper über bestimmte Botenstoffe, die in den Blutstrom gegeben werden und uns müde machen: Die Aufmerksamkeit lässt nach, Hunger und Durst verschwinden, die Muskeln entspannen sich, der Herzschlag wird langsamer, die Körpertemperatur sinkt geringfügig, die Augenlider werden schwer, die Atmung wird flacher und wir gähnen häufig. Dann ist es Zeit, ins Bett zu gehen.

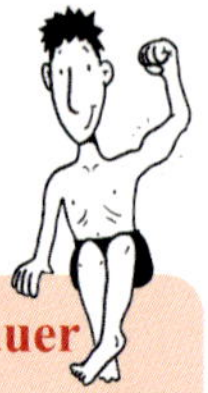

Alter	**Durchschnittliche Schlafdauer**
Neugeborene	16 Stunden
Kleinkind (6 - 23 Monate)	13 Stunden
Kind (10 - 13 Jahre)	10 Stunden
Erwachsener (35 - 45 Jahre)	7 Stunden
Spätes Alter (90 Jahre)	5,75 Stunden

Schlafen wir immer gleich fest?

Schlafforscher haben festgestellt, dass es während der Nacht mehrere Zeiten mit unterschiedlicher Schlaftiefe gibt. Eine Nacht beginnt meist mit der Einschlafphase, wo man noch leicht durch Geräusche aufgeschreckt wird. Dann fällt man binnen weniger Minuten in Tiefschlaf. Der Tiefschlaf ist sehr fest; daher ist man noch sehr schlaftrunken, wenn man bald nach dem Einschlafen geweckt wird. Schon nach etwa 30 Minuten aber geht der Schlaf in eine andere Phase über. Jetzt bewegen sich die geschlossenen Augen. Man nennt diese Schlafphase REM-Schlaf, nach der englischen Bezeichnung „Rapid Eye Movement“ (schnelle Augenbewegung). In dieser Phase träumen wir, und das Gehirn ist in voller Tätigkeit. Auch die Atmung beschleunigt sich, und manchmal zucken die Arm- und Beinmuskeln. Nach einiger Zeit folgt dann wieder eine Tiefschlafphase.

Im Laufe der Nacht wechseln sich Tiefschlaf-, Leichtschlaf- und REM-Phasen mehrfach ab, oft zeigt sich dieser Übergang durch Herumdrehen des Schlafenden im Bett. Gegen Morgen werden die Tiefschlafzeiten

Manche Menschen wandeln nachts: Sie gehen einige Schritte, weichen dabei Hindernissen aus, ziehen sich eventuell sogar an, gehen irgendwann wieder ins Bett zurück – und haben morgens keine Erinnerung daran. Die Schlafwandler befinden sich in einem bestimmten, traumlosen Dämmerzustand zwischen Schlafen und Wachen. Das Wandeln kommt oft in Vollmondnächten vor; Grund ist dann wohl der leichtere Schlaf durch das helle Licht.

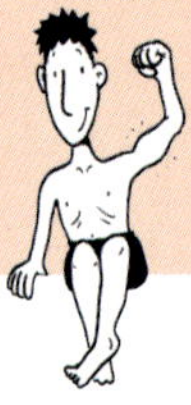

seltener, die REM-Phasen dagegen nehmen zu und dauern länger an. Deshalb erinnert man sich oft an Träume, wenn der Wecker geklingelt hat.

Warum träumen wir?

Wir träumen jede Nacht, auch wenn wir uns an die Träume morgens nicht erinnern können. Es gibt Hinweise, dass Träume für das Gehirn und für das Lernen sehr wichtig sind. Denn kleine Kinder, bei denen sich das Gehirn noch entwickelt und die besonders viel lernen, haben längere Traumphasen als Erwachsene. Das Gehirn arbeitet dabei Eindrücke und Erinnerungen des Tages auf, sortiert sie und verankert Wichtiges im Langzeitgedächtnis. Diese Erinnerungsfetzen sehen wir dann als Traumbilder oder als unwirkliche Traumgeschichte. Das Gehirn spielt dabei unterschiedliche Lebenssituationen durch. Träume zeigen daher auch geheime Sehnsüchte und Wünsche, an die man im wachen Zustand nicht zu denken wagt. Schwere Sorgen und Nöte oder geheime Befürchtungen können manchmal zu Alpträumen führen, aus denen man schweißgebadet aufwacht.

Im Schlaf werden die Muskeln weit gehend ruhig gestellt, und auch die Signale der Drucksensoren in der Haut ausgeblendet. Das mag der Grund dafür sein, dass wir oft in angenehmen Träumen sanft dahingleiten und fliegen – oder in schlechten Träumen in Panik weglaufen wollen, aber wie festgebannt sind.

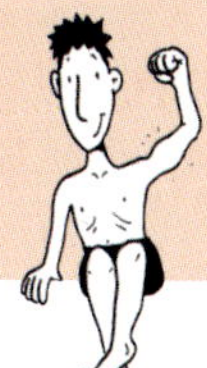

Woher weiß der Körper, wo oben und unten ist?

Auch wer Kopf steht, weiß, wo oben und unten ist.

Neben den Augen und den Tastsinneszellen der Haut hat der Körper noch ein spezielles Organ, dass auf Schwerkraft und Körperbewegungen reagiert und die Lage des Körpers ermittelt. Dieses Gleichgewichtsorgan sitzt im Innenohr. Es besteht aus zwei Teilen: Das Bewegungsorgan enthält drei bogenförmige Gänge, die senkrecht aufeinander stehen. Jeder Gang ist mit Flüssigkeit gefüllt, mit zahlreichen Sinneshärchen ausgekleidet und zeigt Änderungen der Bewegung an. Der zweite Teil des Organs zeigt dem Gehirn an, wo unten ist. Er besteht aus kleinen Steinchen in einem schneckenförmigen Gang. Die Steinchen sinken, der Schwerkraft folgend, immer nach unten, und Sinneshärchen geben dann ihre Position ans Hirn weiter.

Was ist ein Reflex?

Unser Gehirn denkt zwar recht schnell, aber für bestimmte Anforderungen nicht schnell genug. Wenn wir uns zum Beispiel die Hand an einem Nagel stechen, dauert es einige Sekundenbruchteile, bis uns der Schmerz bewusst wird. Würden die Muskeln jetzt erst reagieren, müssten wir eine Verletzung erleiden. Der Körper besitzt aber eine Art „Zweithirn“ für schnelle

Reaktionen: das Rückenmark in der Wirbelsäule. Trifft ein Schmerzreiz ein, leitet es sofort einen Impuls an die entsprechenden Muskeln – so blitzschnell, dass wir erst hinterher bewusst wahrnehmen, was geschehen ist. Man nennt solche unwillkürlich, schnell und automatisch ablaufenden Körperreaktionen Reflexe.

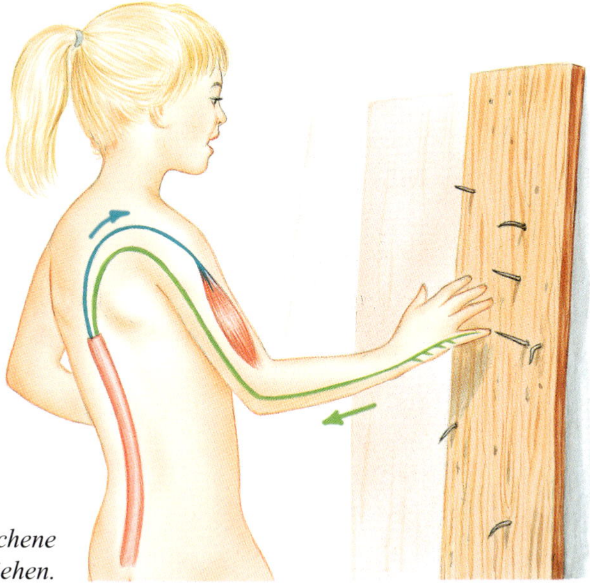

Der Reflex lässt die gestochene Hand blitzschnell zurückziehen.

Warum wird vielen Menschen beim Schifffahren schlecht?

Brechgefühl und Unwohlsein sind die Folge, wenn die Meldungen von Gleichgewichtsorgan und Augen ans Gehirn sich widersprechen und nicht zusammenpassen. Das geschieht beim Autofahren oder auf einem sich heftig bewegenden Schiff: Die Augen melden weit weniger Bewegung als das Gleichgewichtsorgan, das alle Bewegungsänderungen registriert.

Gegen diese „Reisekrankheit“ hilft oft frische Luft; außerdem sollte man einen entfernten Punkt mit den Augen festhalten und auf keinen Fall lesen. Es hilft auch, sich hinzulegen und die Augen zu schließen. Übrigens als Trost: Auch große Seehelden hatten oft mit der Seekrankheit zu kämpfen.

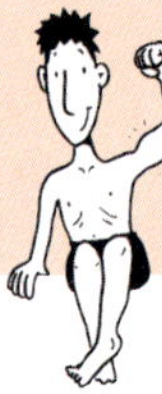

Der Alltag in Schule und Beruf ist anstrengend. Diese Belastung durch andauernde Überflutung mit Reizen nennt man „Stress“. Zu viel Stress kann den Körper krank machen. Es können Schäden an Blutadern und Herz, Magen und Darm auftreten, gestresste Menschen sind zudem anfälliger für ansteckende Krankheiten.

Warum sind wir manchmal fröhlich und manchmal traurig?

Junge Menschen fühlen sich mal, als könnten sie Bäume ausreißen und bald darauf trauen sie sich nichts mehr zu, möchten sich am liebsten verkriechen.

Lachen hilft oft über schlechte Stimmungen hinweg.

Solche Schwankungen hängen mit der Umstellung des Körpers vom Kind zur Frau oder zum Mann zusammen. Diese Entwicklung steuert der Körper mit Hormonen, die von bestimmten Drüsen ins Blut gegeben werden. Hormone lassen den Kehlkopf wachsen, so dass die Stimme tiefer wird, regen Bartwuchs und Entwicklung der Brüste an und die Reifung der Geschlechtsorgane. Auch aufs Gehirn wirken diese Signale. Es dauert aber einige Zeit, bis der Körper die jeweils richtigen Mengen der vielen verschiedenen Hormone erzeugt. Anfangs hat sich der Hormonhaushalt noch nicht richtig eingependelt – und das bewirkt die Stimmungsschwankungen.

Haut und Haare

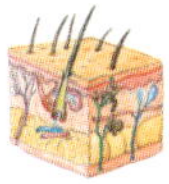

Die Haut ist unser größtes Organ. So dünn die Haut auch ist, sie hat immerhin eine Oberfläche von rund 2 Quadratmetern und wiegt beim Erwachsenen ungefähr 3 bis 4 Kilogramm. Sie leistet vielfältige Arbeiten und bildet Haare und Fingernägel.

Welche Aufgaben erfüllt unsere Haut?

Die erste Aufgabe der Haut ist klar: Sie bildet eine schützende, wasserdichte Hülle um den Körper, die weder Blut noch andere Körperflüssigkeiten herauslässt. Zudem ist sie ein Schutz gegen das Eindringen von Krankheitserregern wie Bakterien und Kleinpilzen. Die Haut schützt sich auch selbst gegen Keime, nämlich mit einem dünnen, fettigen Talgfilm aus keimhemmenden Stoffen. Er wird unterstützt von harmlosen Bakterien, die unsere Haut besiedeln, ohne uns zu schaden. Sie helfen uns sogar, indem sie neu eindringende gefährliche Bakterien bekämpfen.

Wichtig ist die Haut auch zur Regulierung der Körpertemperatur und als Sinnesorgan. Sie trägt nämlich eine Vielzahl von Fühlerzellen, die jeweils auf Druck, Schmerz, leichte Berührungen, Hitze und Kälte reagieren. Besonders viele solcher Sensoren sitzen in den Fingerspitzen und in den Lippen. Sie helfen uns beim Erforschen der Umwelt. Sie sind aber auch für das menschliche Miteinander unglaublich wichtig – in Form von Küssen, zärtlichen Umarmungen und Streicheln zwischen Eltern und Kindern und Menschen, die sich lieben.

Woraus besteht die Haut?

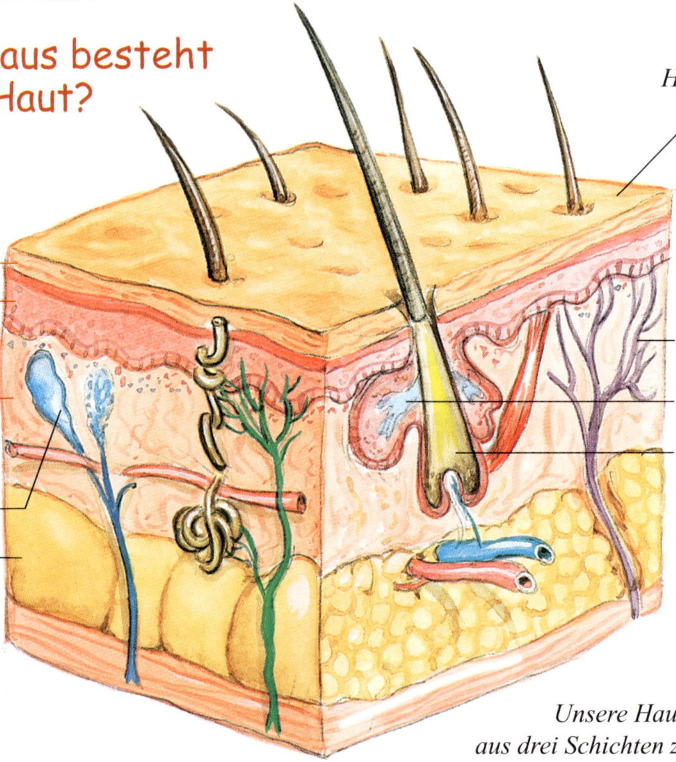

Unsere Haut setzt sich aus drei Schichten zusammen.

Die oberste Schicht unserer Haut ist die schützende Oberhaut. Sie besteht aus flachen Zellen, die ständig von unten her nachwachsen und nach einiger Zeit absterben. Bedeckt ist sie daher von der Hornschicht aus bereits toten Zellen, die nach und nach abschilfern. Viel dicker als die Oberhaut ist die darunter liegende Lederhaut. Sie ist die eigentliche, lebende Haut, besteht aus besonders festem Gewebe mit zahlreichen elastischen Gewebefasern und ist von Blutadern durchzogen. Manche ihrer Zellen können den Farbstoff Melanin bilden, der die Haut bräunt. Unter der Lederhaut schließlich liegt die Unterhaut. Hier sitzen auch die zahlreichen Sensoren sowie die Haarwurzeln (Haarbälge), Schweiß- und Talgdrüsen. An jedem Haarbalg mündet auch eine Talgdrüse; ihr Fett macht das Haar schön geschmeidig und glänzend. Weiterhin enthält die Unterhaut zahlreiche Fettzellen, die gegen Schläge und Stöße, als Kälteschutz und als Nahrungsvorrat dienen.

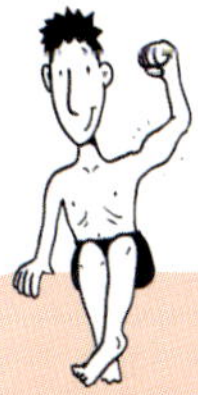

Ein Mensch ist nie ganz einsam, selbst wenn er sich sehr sauber hält. Denn in den Drüsen und Poren unserer Haut leben stets zahlreiche Milben. Diese kleinen Spinnentierchen schaden uns normalerweise nicht – wir spüren sie meist nicht einmal. Nur einige Arten wie der Erreger der Hautkrankheit „Krätze“ bohren juckende Gänge in die Haut.

Warum haben manche Menschen dunkle Haut?

Höchstwahrscheinlich hatten unsere Vorfahren alle dunkle Haut. Denn nachdem sie ihr Fell verloren hatten, um besser schwitzen zu können, musste sich ihre Haut gegen die intensiven Strahlen der Sonne schützen. Gefährlich ist dabei weniger die Wärme der Sonne, sondern die besonders energiereichen Ultraviolett-Strahlen, die die Hautzellen zerstören. Gegen sie schützt sich die Haut durch einen dunkelbraunen Farbstoff, das Melanin. Es wird in speziellen Zellen in der Oberhaut in mehr oder weniger großen Mengen hergestellt.

Menschen, die aus sonnigen Gegenden stammen, haben eine dunklere Haut.

Mittel- und Nordeuropäer sind hellhäutig, weil sie in sonnenarmen Gegenden leben und daher nur wenig Melanin-Farbstoff bilden. Setzen sie sich aber über längere Zeit der Sonne aus, produziert die Haut Melanin und bräunt sich.

Warum schwitzen wir?

Meistens schwitzen wir, um uns abzukühlen. Denn der Körper versucht, seine Temperatur von etwa 37 Grad Celsius möglichst genau beizubehalten. Schwitzen ist dazu ein gutes Mittel, denn Wasser verbraucht beim Verdunsten viel Wärme, und die entzieht es dabei dem Körper.

In der Lederhaut sitzen Millionen winziger Schweißdrüsen, meist 100 bis 350 pro Quadratzentimeter. Wenn bei starker körperlicher Arbeit im Körper viel Wärme entsteht oder bei starker Erregung, beispielsweise in einer sehr schwierigen Prüfung, erzeugen die Drüsen Schweiß. Schweiß besteht vor allem aus Wasser, daneben sind kleine Mengen Salz und andere Stoffe enthalten; Schweißtropfen schmecken daher salzig. Muss man in heißer Umgebung schwer arbeiten, kann der Körper große Mengen an Schweiß produzieren, oft mehrere Liter pro Tag. Der Körper verliert dann nicht nur Wasser, sondern auch Salze. Wenn man viel schwitzt, sollte man daher nicht nur trinken, sondern auch etwas Salziges zu sich nehmen. Normalerweise ist Schweiß geruchlos. Aber die auf der Haut lebenden Bakterien zersetzen einige Stoffe im Schweiß und erzeugen so den „Schweißgeruch“.

Wie entsteht Gänsehaut?

Wir haben zwar seit einigen Jahrmillionen kein Fell mehr, wohl aber zahlreiche kleine Haare auf der Haut. Die Haarwurzeln, aus denen die Haare wachsen, sitzen tief in der Unterhaut und produzieren je ein Haar, das dabei immer länger wird. Außerdem sitzen an ihnen kleine Muskeln. Wenn wir frieren oder Angst haben, spannen sich die kleinen Muskeln und richten die Härchen auf. Die Haarbälge bilden dabei zahlreiche kleine Hügel auf der Hautoberfläche – und das nennen wir Gänsehaut, denn die Haut einer gerupften Gans sieht ähnlich aus.

Unser Körper hat mehrere Schutzmaßnahmen gegen Kälte entwickelt. So verengen sich die Blutgefäße in der Haut, um weniger Körperwärme abzugeben – wir werden blass. Reicht das nicht, beginnen wir zu zittern: Die Muskeln spannen und entspannen sich unwillkürlich in schnellem Rhythmus und erzeugen so Wärme.

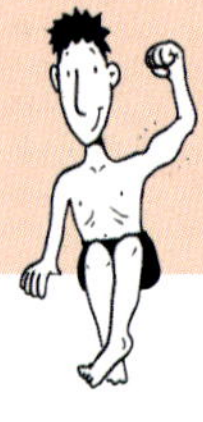

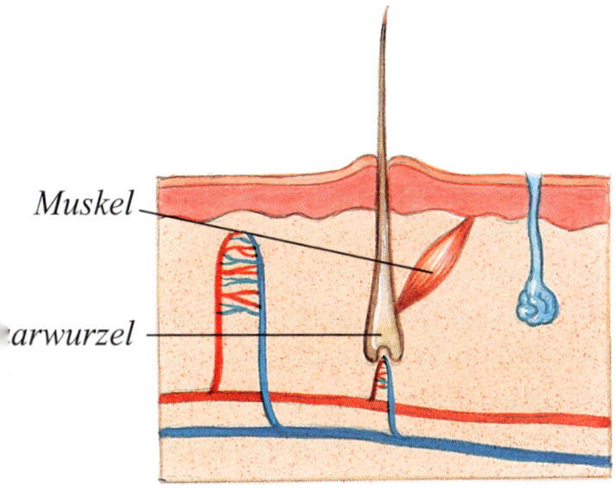

Bei Kälte zieht sich der Muskel der Haarwurzel zusammen, eine „Gänsehaut“ entsteht.

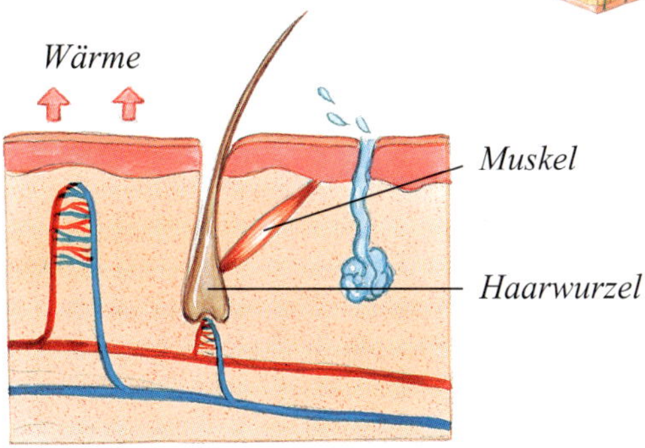

Bei Wärme ist der Muskel der Haarwurzel entspannt, die Haut gibt Wärme ab.

Die Gänsehaut ist vermutlich eine „Erinnerung“ an die Zeit, als unsere Vorfahren ein Fell trugen. Das Aufrichten der Haare bei Kälte und Furcht ist nämlich sehr sinnvoll: Es verstärkt den Wärmeschutz des Körpers; außerdem wirkt ein aufgerichtetes Fell für einen Feind Furcht einflößender.

Wer bekommt Sommersprossen?

In der Regel bekommen Menschen Sommersprossen, bei denen Vater oder Mutter ebenfalls welche bekamen. Denn die Veranlagung zu diesen kleinen Hautflecken ist großteils erblich.

Normalerweise produziert die gesamte Haut im Sonnenlicht den dunklen Farbstoff Melanin, der sie vor den gefährlichen Sonnenstrahlen schützt. Bei manchen Menschen bilden aber nur einige Zellen in bestimmten Bereichen diesen Schutz. So entstehen Melaninflecken, die Sommersprossen. Wer davon betroffen ist, muss vorsichtig sein: An den Stellen zwischen den Farbflecken bekommt man leicht einen Sonnenbrand, weil die Haut hier keinen natürlichen Schutz gebildet hat.

Sommersprossen bekommen vor allem hellhäutige Menschen.

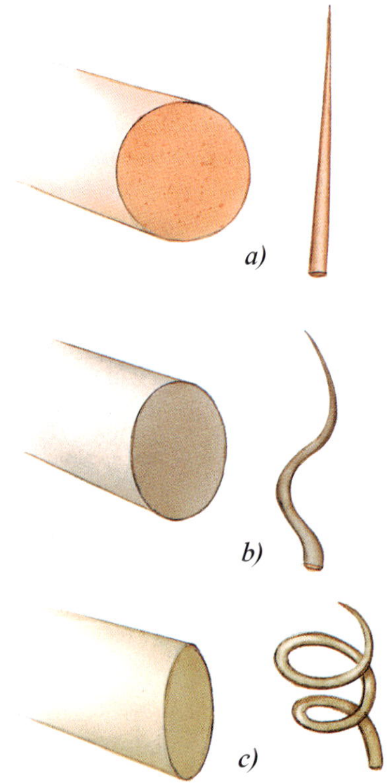

Querschnitt von a) glattem,
b) welligem und
c) lockigem Haar.

Warum haben manche Menschen lockiges Haar?

Wenn nicht der Frisör bei den Locken nachgeholfen hat, liegt es an der Haarform; genauer: an der Form des Haarquerschnitts. Er wird von der Form der Haarwurzel bestimmt und ist weit gehend erblich. Wenn das Haar einen runden Querschnitt hat, fällt es glatt. Ist es dagegen oval, wird das Haar wellig oder kraus. Und wenn das Haar relativ schmal ist, fast bandartig, dann dreht es sich von selbst zu Locken. Auch der Durchmesser des Haares spielt eine Rolle. Dickes Haar ist recht starr, während sich dünnes Haar sehr weich anfühlt.

Mit der Haarfarbe hat die Form nichts zu tun. Allerdings haben viele Ostasiaten und Indianer schwarzes, glattes Haar, während man in Afrika zahlreiche Menschen mit schwarzem, krausem Haar findet. Blondes oder rotes Haar kommt häufiger in Europa vor. Blonde Menschen bilden wenig Melanin-Farbstoff im Haar. Meist haben sie auch sonst im Körper nicht viel von diesem Stoff; deswegen sind ihre Augen oft blau, grau oder grünlich statt – wie bei den meisten Menschen – braun.

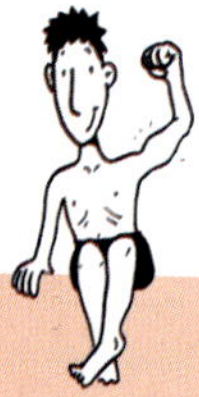

Bei älteren Menschen lässt die Farbstoffproduktion in den Haarwurzeln nach. Dafür lagern sich oft winzige Luftblasen im Haar ein. Beides zusammen erzeugt die graue oder silberweiße Haarfarbe.

Welche Funktion hat unser Haar?

Für die Mode ist das Kopfhaar sehr wichtig. Im Laufe der Jahrtausende haben die Menschen unzählige Methoden ersonnen, es auf bestimmte Weise zu schneiden, in bestimmte Frisuren zu legen, zu färben oder mit hineingeflochtenem Schmuck zu verschönern. Ganze Epochen und Geisteshaltungen sind durch bestimmte Frisuren verbunden, etwa die „Pilzköpfe" der Beatles, Punkfrisuren, Irokesenschnitte oder Zöpfe. Ähnliche Mühe geben sich Männer seit langem mit ihrem Barthaar.

Welche natürliche Funktion das Kopfhaar hat, ist allerdings nicht ganz klar. Vermutlich schützt es vor den Strahlen der Sonne, die zumindest den Schädel mit dem empfindlichen Gehirn nicht zu sehr treffen sollen. Anders ist es mit anderen Körperhaaren. Augenbrauen helfen sehr wirksam, das Auge vor herabrinnendem Schweiß zu schützen, und Wimpern halten vielleicht kleine Insekten ab. Die Haare in den Achselhöhlen und im Schambereich verteilen bestimmte Duftstoffe in der Luft, die wir zwar nicht bewusst wahrnehmen, die aber beim Kennenlernen zwischen Mann und Frau eine wichtige Rolle spielen.

Wieso tut Haareschneiden nicht weh?

Beim Frisör spüren wir nichts, weil die Haare keine Nerven enthalten. Sie sind nur tote Anhängsel der Haut, die in speziellen Haarbälgen oder „Follikeln" gebildet werden. Mehrere Millionen davon sind über die ganze Körperoberfläche verteilt; am Kopf zwischen 80000 und 150000. Die Follikel sitzen in der Haut und sehen wie eine Zwiebel aus. Sie enthalten spezielle Zellen, die von Blutgefäßen versorgt werden und Haarsubstanz produzieren, dadurch schiebt sich das Haar durch einen Schaft immer weiter hinaus. Kopfhaare wachsen etwa 10 bis 15 Zentimeter pro Jahr. Zusätzliche Zellen in der Haarwurzel bilden Farbstoffe, die das Haar braun, schwarz, blond oder rot färben. An jedem Follikel sitzt ein winziger Muskel, der das Haar aufrichten kann, und zwei bis drei Talgdrüsen geben ihr Fett dazu – es macht die Haare glänzend und geschmeidig.

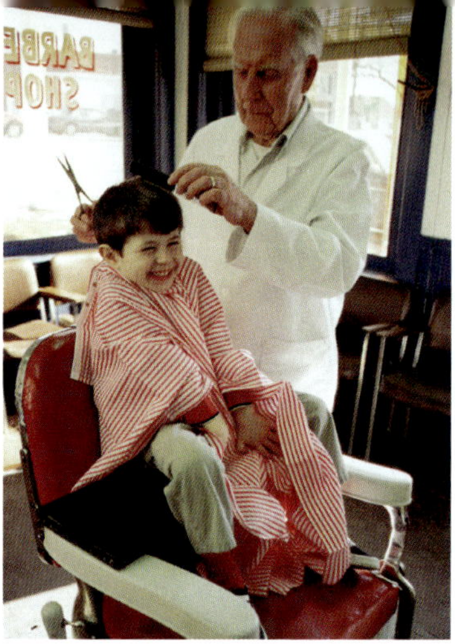

Wie gut, dass Haare keine Nerven haben – da kann ein Frisörbesuch auch Spaß machen.

Richtige Bärte haben meist nur Männer; nur wenige Frauen haben zumindest einen zarten Bartflaum. Das liegt an bestimmten Hormonen, die im Körper kreisen und dessen Entwicklung steuern. Beim heranwachsenden Mann lassen sie die Geschlechtsorgane reifen, den Kehlkopf vergrößern und damit die Stimmlage senken und eben den Bart sprießen.

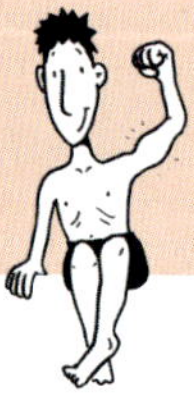

Was sind Finger- und Fußnägel?

Nägel sind ein Schutz für die empfindlichen Kuppen der Finger und Zehen; die Fingernägel helfen zudem beim Arbeiten mit den Fingern und beim Festhalten. Nägel bestehen aus dem harten Eiweißstoff Keratin, ähnlich wie die Haare. Sie enthalten keine Nerven; sonst wäre Nägelschneiden eine sehr schmerzhafte Sache. Und das ist von Zeit zu Zeit nötig, denn die Nägel wachsen mit einem Tempo von etwa 3 bis 4 Millimetern pro Monat. Sie

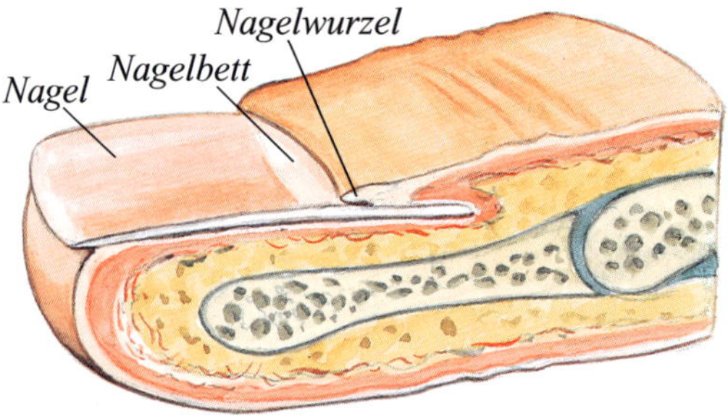

Schnitt durch einen Finger

bilden sich in einem speziellen Wachstumsgewebe, der Nagelwurzel an der Oberseite von Fingern und Zehen. Die weiche, empfindliche Haut unter dem Nagel heißt Nagelbett. Sie reagiert schon auf leichte Berührungen des Nagels und unterstützt so deren Nutzen als Tastsinnesorgan. Wunden am Nagelbett sind dadurch ausgesprochen schmerzhaft.

Warum haben die Fingerkuppen Rillen?

Weil wir damit Dinge besser festhalten können, vor allem dann, wenn diese Dinge glatt sind und die Haut feucht ist. Außerdem scheinen die Rillen und die erhabenen Leisten zwischen ihnen auch für den Tastsinn wichtig zu sein.

Die Fingerrillen sehen bei jedem Menschen etwas verschieden aus. Es gibt zwar nur einige wenige Grundmuster, aber mit der Lupe erkennt man im Rillenmuster viele kleine Unterschiede von Mensch zu Mensch. Manche Linien gabeln sich an bestimmten Stellen, andere enden plötzlich oder gehen als Punktreihe weiter, oder sie bilden kleine „Inselchen“ oder Haken. Aber dieses persönliche Muster, das bei jedem Finger anders ist, bleibt das ganze Leben lang gleich. Selbst wenn man sich am Finger verletzt oder verbrennt und später neue Haut nachwächst, zeigt sie das gleiche Muster.

Die Polizei nutzt dieses unverwechselbare Muster an den Fingern seit über 100 Jahren, um Verbrecher zu fangen. Da die Haut immer etwas fettig ist, hinterlassen die Fingerkuppen auf Gegenständen, die man anfasst, Abdrücke. Und die Fingerabdrücke, die man am Ort eines Verbrechens findet, sind ein eindeutiger Beweis, dass ein Verdächtiger zumindest am Tatort gewesen ist.

Augen zum Sehen

Die Augen sind unsere wichtigsten Sinnesorgane, mit denen wir schärfer sehen als viele Tierarten – und das sogar in Farbe. Doch wie nehmen wir eigentlich das Bild der Umgebung auf?

Wie funktionieren unsere Augen?

Die Augen nehmen Lichtstrahlen auf, die beleuchtete Objekte aussenden. Das Licht fällt zunächst durch eine durchsichtige Schutzhaut, die Hornhaut. Das eigentliche Auge ist von einer undurchsichtigen Haut umgeben, der Lederhaut, die wir bei verdrehten Augen als „Weißes im Auge" sehen.

Bau eines Auges

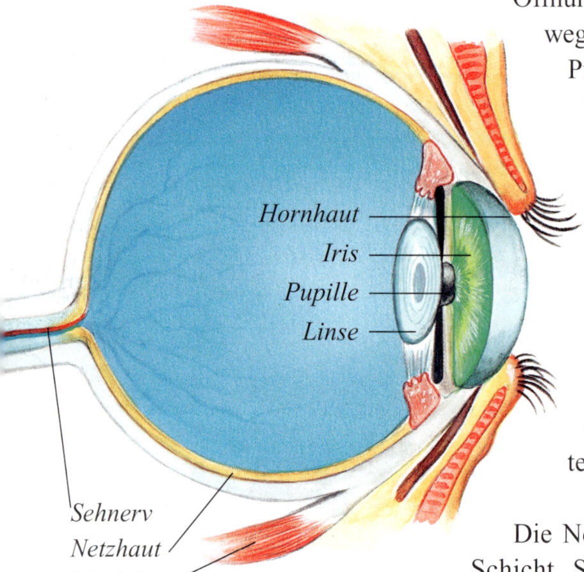

Nur vorn hat die Lederhaut eine kleine Öffnung, die Pupille. Sechs Muskeln bewegen jedes Auge und lenken die Pupille in jede gewünschte Richtung. Die Pupille sitzt in der farbigen Regenbogenhaut oder Iris. Lichtstrahlen, die durch die Pupille fallen, laufen durch eine Linse aus gallertartigem Material. Sie bricht das Licht – verändert also die Wege der Lichtstrahlen. Dadurch erzeugt sie ein kleines Bild der Umgebung auf der Netzhaut im Augenhintergrund.

Die Netzhaut ist die lichtempfindliche Schicht. Sie enthält knapp 130 Millionen winziger Sehzellen. Jede von ihnen ist über Sehnerven mit dem Sehzentrum im Gehirn verbunden und gibt ein Signal ab, wenn sie von Licht getroffen wird. Das Gehirn schließlich setzt aus den unzähligen Signalen ein Bild zusammen.

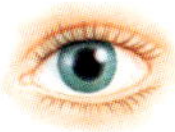

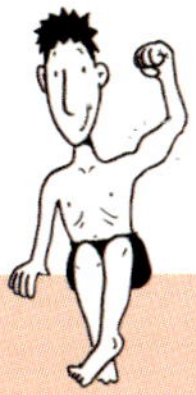

Schon längeres Sehen mit bloßem Auge in die Sonne schädigt die Netzhaut. Ein Teil der Sehzellen ist dann vorübergehend außer Funktion gesetzt; dadurch erscheinen im Auge helle oder dunkle „Nachbilder“. Besonders gefährlich ist ein Blick mit dem Fernglas in die Sonne, weil es viel Licht sammelt und bündelt. Die entstehende Hitze zerstört die Netzhaut in Sekundenbruchteilen unheilbar.

Warum brauchen wir zwei Augen?

Zwei Augen ermöglichen uns räumliches Sehen. Dadurch konnten schon unsere äffischen Vorfahren genau abmessen, wie weit der Ast entfernt ist, zu dem sie springen wollten oder wie weit sie die Hand nach einer Frucht ausstrecken mussten. Auch für uns ist diese Fähigkeit, die Entfernung von Gegenständen genau bestimmen zu können, sehr wertvoll. Das merken wir, wenn ein Auge verletzt ist und mit einer schwarzen Klappe geschont werden muss.

Eigentlich sind es nicht unsere Augen selbst, die uns räumliches Sehen ermöglichen, sondern das Sehzentrum im Gehirn. Es nimmt die Bilder auf, die von jedem Auge geliefert werden, und vergleicht sie blitzschnell. Bei weit entfernten Gegenständen sind beide Bilder gleich. Je näher aber ein Objekt ist, desto mehr unterscheiden sich die Bilder der beiden Augen. Das kann man leicht prüfen, indem man einen Finger hochhält und durch abwechselndes Zukneifen der Augen seine Abbilder vor dem Hintergrund vergleicht. Der Unterschied der Bilder ist für das Sehzentrum also ein Maß für die Entfernung. Außerdem rechnet es die Bildinformationen so um, dass wir nicht zwei überlappende Bilder wahrnehmen, sondern ein einziges, aber dafür räumliches.

Woher kommt die Farbe der Augen?

Wenn jemand ein „Veilchen“ hat, ist er vermutlich gerade einer Schlägerei entronnen. Ein Schlag traf die Umgebung des Auges und verletzte Blutadern in der Haut; das ausgetretene Blut sorgt für die blaurote Farbe.

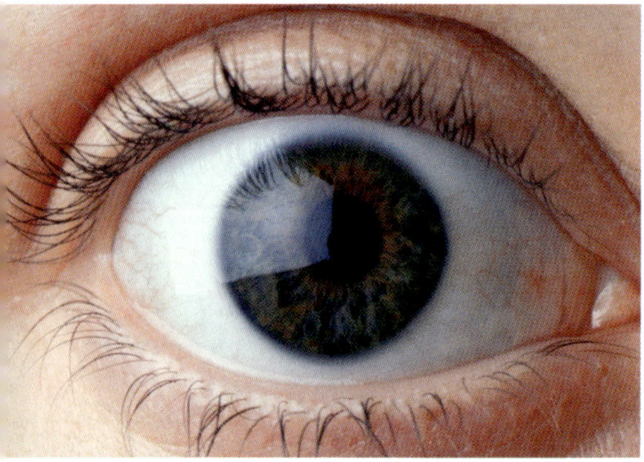

Die Augenfarbe wird durch den Melaningehalt der Iris hervorgerufen.

Spricht man aber von braunen, grünen, grauen oder blauen Augen, ist die Farbe der Iris oder Regenbogenhaut rund um die Pupille gemeint. In sie sind zahlreiche winzige Farbpartikel eingelagert. Trotz der unterschiedlichen Farbtöne handelt es sich aber immer nur um einen Farbstoff, nämlich das Melanin, das auch für die Färbung der Haut und der Haare zuständig ist. Eine Iris mit viel Melanin erscheint braun, in geringeren Mengen grün oder blau.

Da die Augenfarbe vom Erbgut bestimmt wird, hat man meist eine ähnliche Augenfarbe wie seine Eltern. Die Natur bevorzugt allerdings große Melaningehalte. Ist also ein Elternteil braunäugig und das andere blauäugig, haben auch die Kinder meist braune Augen – dieser Farbton setzt sich durch und ist daher weltweit am häufigsten.

Manche Tiere und ganz selten auch Menschen haben rote Augen. Bei ihnen ist die Melaninbildung gestört, dafür scheint der rote Augenhintergrund durch.

Warum sieht man im Dunkeln keine Farben?

In unserer Netzhaut befinden sich zwei Sehzellentypen, die unterschiedliche Aufgaben erfüllen. Man nennt diese Sehzellentypen nach ihrer Form „Stäbchen“ und „Zapfen“.

Am häufigsten sind die Stäbchen. Davon besitzen wir rund 120 Millionen. Sie sind besonders lichtempfindlich und dienen zum Sehen in der Dunkelheit – dafür können sie jedoch keine Farben wahrnehmen. Farbiges Sehen ermöglichen uns die Zapfen. Davon besitzen wir etwa 7 Millionen in drei unterschiedlichen Sorten: eine ist für rotes, eine für grünes und eine für blauviolettes Licht empfindlich. Das ist der Grund dafür, dass wir diese Farben als „Grundfarben“ empfinden. Die Zapfen sind weit weniger lichtempfindlich als die Stäbchen und stellen bei schwachem Licht ihre Arbeit ein, so dass wir im Dunkeln keine Farben unterscheiden können. Daher sind „bei Nacht alle Katzen grau“.

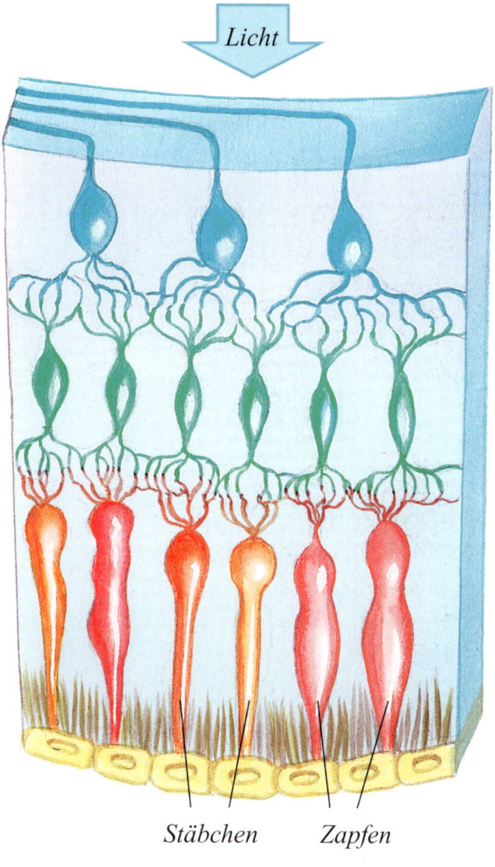

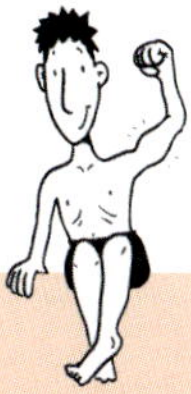

Bau der Netzhaut

Zwar zeigen uns unsere Augen meist ein gutes Abbild der Außenwelt, aber manchmal täuschen sie sich. Diese beiden Linien zum Beispiel erscheinen unterschiedlich lang – aber ein Lineal zeigt: Sie haben exakt die gleiche Länge. Die Ursache dieser und anderer „optischer Täuschungen“ liegt in der Verarbeitung der Bildsignale in den Nervenzellen des Auges und im Sehzentrum des Gehirns.

Welche Menschen sind farbenblind?

Es gibt tatsächlich Menschen, die sehen können, aber keine Farben wahrnehmen. Für sie ist die Welt grau. Allerdings sind solche vollständig Farbenblinde extrem selten. Sehr viel häufiger sind Menschen, die bestimmte Farben nicht oder zumindest nur schlecht unterscheiden können, zum Beispiel Rot und Grün. Etwa jeder zwölfte Mann leidet unter einer solchen Farbschwäche; bei Frauen kommt sie dagegen fast nie vor.

Den meisten Rot-Grün-Blinden bereitet ihre Farbschwäche nur wenig Schwierigkeiten im Alltag. Sie können sogar Auto fahren und erkennen, welches Licht die Ampel zeigt. Denn das rote Licht enthält auch einen gelben Anteil, den sie sehen können, und das grüne Licht einen Blauviolett-Anteil.

Ursache solcher Farbschwächen sind Störungen der entsprechenden Zapfen in der Augennetzhaut. Dort haben wir drei Arten von Zapfen, nämlich solche, die für Rot, Grün oder Blauviolett empfindlich sind. Arbeiten eine oder gar mehrere dieser Zapfen nicht richtig, kommt es zur Farbblindheit. Meist wird dieses Leiden vererbt.

Die verschiedenen Ampelphasen nehmen Rot-Grün-Blinde zwar anders wahr. Sie können die Lichter aber auch unterscheiden.

Warum „tränen" die Augen?

Über jedem Auge liegt eine Tränendrüse, die ständig Tränenflüssigkeit produziert. Sie besteht vor allem aus Wasser, enthält Salz und Bakterien tötende Stoffe. Die Augenlider verteilen bei jedem Lidschlag diese Flüssigkeit über die Hornhaut, die stets sauber und feucht bleiben muss. Das funktioniert ganz automatisch alle paar Sekunden und ist praktisch nicht zu unterdrücken.

Bei Schmerz oder heftigem Lachen setzen die Tränendrüsen besonders viel Flüssigkeit frei – man weint vor Schmerz oder Freude. Das geschieht auch, wenn ein Fremdkörper ins Auge geflogen ist und weggespült werden soll, etwa ein Staubkorn oder ein Insekt.

Warum werden Pupillen größer und kleiner?

Unser Auge ist erstaunlich lichtempfindlich. Selbst bei dem schwachem Licht einer mondlosen Nacht können wir noch Konturen sehen. Andererseits liefert es auch im hellen Sonnenschein scharfe Bilder, wenn die Lichtstärke um ein Vielfaches höher ist. Den gewaltigen Empfindlichkeitsbereich bewältigt das Auge mithilfe der Pupille. Sie kann sich nämlich vergrößern und verkleinern und so je nach Umgebungshelligkeit viel oder wenig Licht ins Auge lassen. Dabei wird die Iris mehr oder weniger verdeckt. Das Verkleinern geschieht bei plötzlicher Helligkeit sehr schnell, um das Augeninnere vor zu viel Licht zu schützen. Kommt man dagegen aus einem hellen Raum ins Dunkle, dauert es mehrere Minuten, bis man volle Sehfähigkeit hat, weil sich die Pupillen nur langsam öffnen.

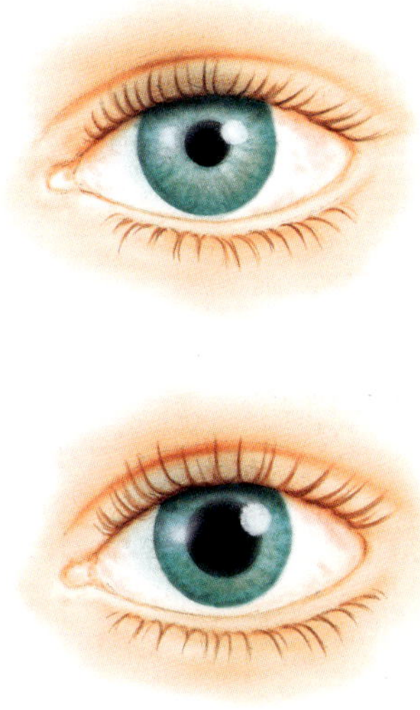

Die Pupillen schließen sich bei Helligkeit (oben). Sie öffnen sich im Dunkeln (unten).

An einer kleinen Stelle der Netzhaut konzentrieren sich die Zapfen. Man nennt diese Stelle „Sehgrube". Mit ihr können wir im Licht besonders scharf sehen. Deshalb bewegen wir unsere Augen auch automatisch immer so, dass das Bild des kleinen Bereichs, auf den wir intensiv schauen, auf die Sehgrube fällt – etwa die Wörter eines Buches, über die wir den Blick gleiten lassen.

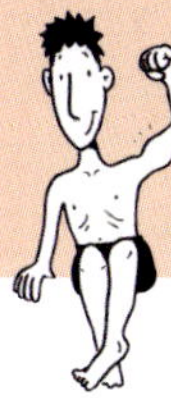

Was ist der „blinde Fleck"?

Du wirst es kaum glauben: Mitten in jedem Auge gibt es eine Stelle, an der wir „blind“ sind. An diesem blinden Fleck laufen nämlich die Sehnerven durch die Netzhaut hindurch. Dort gibt es also keine Sehzellen, und der Teil vom Bild der Außenwelt, der darauf fällt, ist für uns unsichtbar. Dennoch merken wir das normalerweise nicht, denn das Gehirn überspielt den Ausfall mit Bildsignalen der Nachbarsehzellen und vom anderen Auge. Das funktioniert außerordentlich gut. Selbst Menschen, denen eine Augenkrankheit große Teile der Netzhaut zerstört hat, spüren davon oft zunächst gar nichts.

Du kannst den blinden Fleck mit einem kleinen Trick nachweisen: Halte das Buch mit ausgestrecktem Arm vor dein Gesicht. Schließe nun das linke Auge oder halte es mit der Hand zu. Blicke mit dem rechten Auge fest auf das A. Das B ist dabei zunächst noch sichtbar. Bewegst du jetzt aber das Buch langsam zum Gesicht hin, verschwindet das B bei einem bestimmten Abstand plötzlich. Was ist passiert? Das Gehirn bekommt kein Signal mehr vom B, weil dessen Bild auf den blinden Fleck gefallen ist und füllt diesen Platz daher mit Buchstaben der Umgebung aus.

Wofür braucht man eine Brille?

Das Auge muss sich – wie eine Fotokamera – einstellen können, um ferne und nahe Gegenstände jeweils scharf zu sehen. Diese „Akkomodation“ des Auges verläuft normalerweise blitzschnell. Dabei verändern winzige Muskeln die Krümmung der Linse und damit die Stärke ihrer Lichtbrechung.

Bei manchen Menschen jedoch funktioniert das nicht, weil der Augapfel zu lang oder kurz ist. Ein zu langer Augapfel bedeutet Kurzsichtigkeit: Man sieht nur noch Dinge in der Nähe scharf. Entfernte Gegenstände werden vor der Netzhaut scharf abgebildet. Einen zu kurzen Augapfel haben dagegen

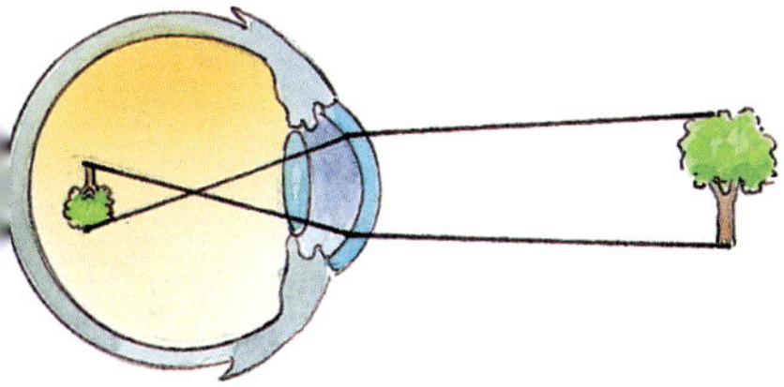

Kurzsichtigkeit

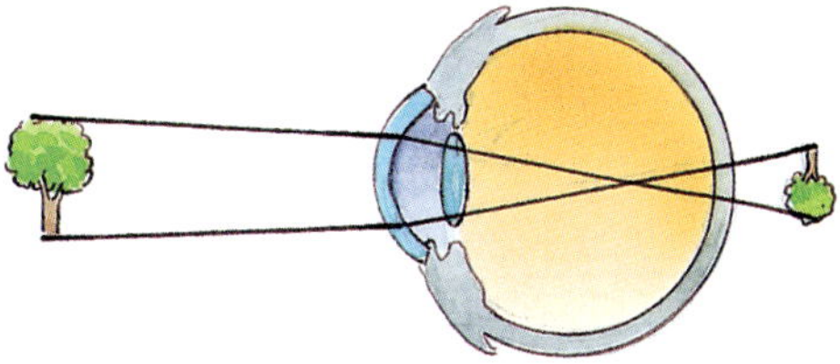

Weitsichtigkeit

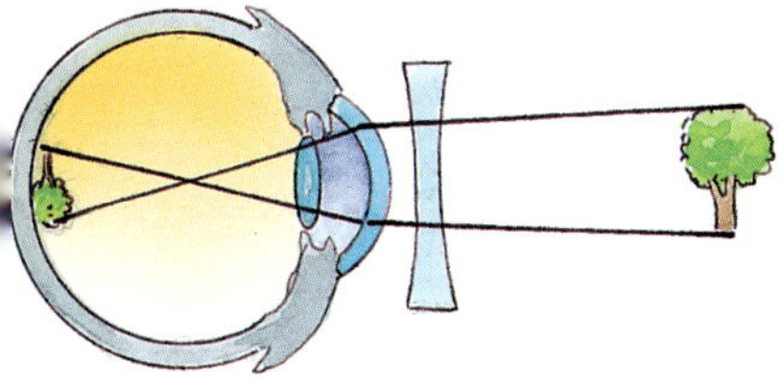

Brillenkorrektur bei Kurzsichtigkeit

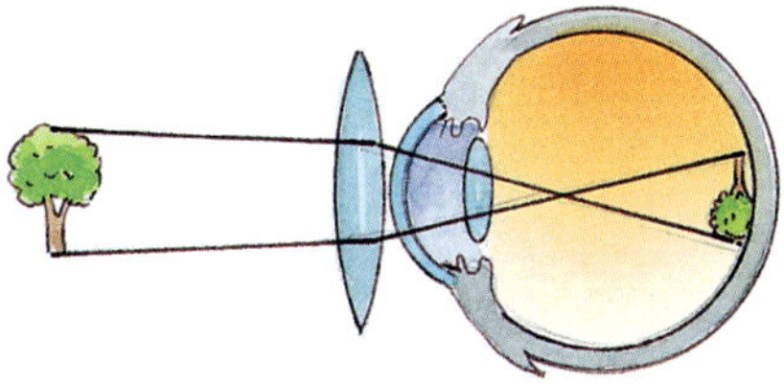

Brillenkorrektur bei Weitsichtigkeit

Weitsichtige: Sie können nahe Dinge nicht mehr gut erkennen, weil sie erst hinter der Netzhaut scharf abgebildet werden. Viele Menschen über 40 Jahre leiden an der „Altersweitsichtigkeit“. Bei ihnen ist die Linse weniger elastisch geworden; sie lässt sich nicht mehr gut krümmen.

In all diesen Fällen helfen Brillen. Das geschliffene Glas verstärkt bei Weitsichtigen die Wirkung der Augenlinse und schwächt sie bei Kurzsichtigen ab. Dazu muss das Brillenglas jeweils eine besondere Form und Stärke besitzen. Optiker oder Augenarzt vermessen mithilfe unsichtbarer Lichtstrahlen das Auge und probieren dann Linsen unterschiedlicher Stärke aus. Ist man zufrieden, wird eine entsprechende Brille angefertigt.

Der klare, dunkle Nachthimmel enthält gute Objekte zum Testen der Sehstärke. Wer den kleinen „Reiterstern“ über dem mittleren Deichselstern des Sternbilds „Großer Wagen“ erkennt, sieht schon recht gut. Viel schwieriger ist ein Doppelstern im Sommer-Sternbild „Leier“ – wer diese beiden schwachen Sterne noch getrennt sieht, kann sich auf seine Augen etwas einbilden.

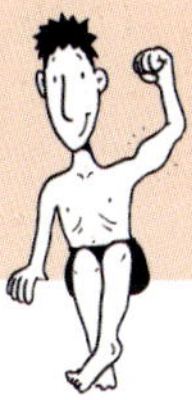

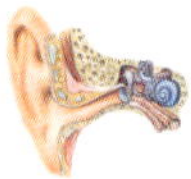

Ohren zum Hören

Unsere Ohren ermöglichen uns zu hören, was andere Menschen sprechen oder singen, warnen uns vor herannahenden Dingen wie Autos und erlauben uns den Genuss von Musik oder Vogelstimmen.

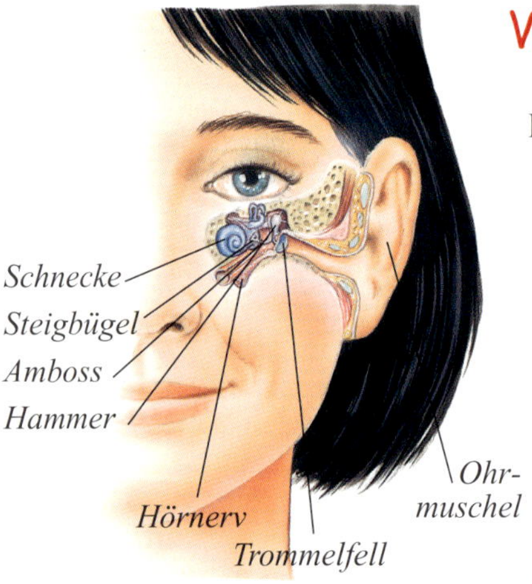

Die eigentlichen Ohren sitzen tief im Kopf, geschützt von Schädelknochen.

Wie arbeiten unsere Ohren?

Die Ohrmuscheln fangen die Schallschwingungen auf und leiten sie in den Gehörgang hinein. Dort treffen sie aufs Trommelfell, eine hauchfeine Membran, und regen es zum Mitschwingen an. Drei feinste, aneinander hängende Knöchelchen nehmen diese Schwingungen auf und geben sie weiter. Sie heißen nach ihrer Form Hammer, Amboss und Steigbügel. Der Steigbügel gibt die Schwingungen an die Schnecke. Sie besteht aus einem mit Flüssigkeit gefüllten Gang, der schneckenförmig aufgerollt ist. Die von außen kommenden Schwingungen erzeugen Wellen in dieser Flüssigkeit. Im Gang der Schnecke sitzen rund 35 000 feine Haarzellen. Die Haarzellen nehmen die Schwingungen in der Flüssigkeit auf, wobei jede Haarzelle auf eine andere Tonhöhe reagiert. Werden die Haarzellen gereizt, senden sie über die Hörnerven elektrische Signale ans Hörzentrum im Gehirn.

Im Gehörgang sitzen feine Haare und Drüsen, die das Ohrschmalz absondern. Mit ihm wird Schmutz aus dem Ohr heraus befördert. Es wirkt Bakterien tötend und hilft, das empfindliche Trommelfell zu schützen. Um diesen Schutz aufrecht zu erhalten, sollte man das Innenohr nicht mit Wattestäbchen säubern, da sie das Trommelfell verletzten könnten und das Schmalz ins Ohr gedrückt wird.

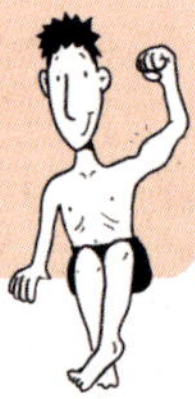

Warum haben wir zwei Ohren?

Durch zwei Ohren können wir sehr gut feststellen, woher ein Geräusch kommt. Das Hörzentrum im Gehirn bekommt die Signale der Geräusche von beiden Ohren und vergleicht sie. Es reagiert sehr empfindlich auf winzige Zeitunterschiede, mit der das gleiche Geräusch am rechten oder am linken Ohr eintrifft. So gelangen Schallwellen von einer Quelle rechts von uns um einige Bruchteile einer Sekunde eher ans rechte Ohr als an das linke. Nur Signale von Quellen genau vor oder hinter uns kommen gleichzeitig an, wobei wir – vermutlich durch schnelle leichte Kopfbewegungen – sogar noch unterscheiden können, ob sie von vorn oder hinten eintreffen. Blitzschnell rechnet das Hörzentrum aus dem Zeitunterschied den Winkel aus, in dem die Schallquelle in Bezug auf die Kopfstellung ist. Und dann können wir entscheiden, ob wir den Kopf drehen und nachschauen, oder ob wir lieber gleich die Flucht ergreifen...

Können wir alle Töne hören, die es gibt?

Der menschliche „Hörbereich“ beginnt bei den ganz tiefen Tönen bei Schallschwingungen von etwa 16 Schwingungen pro Sekunde – das entspricht 16 Hertz. Welche höchsten Töne wir wahrnehmen können, hängt von unserem Alter ab. Bei Kindern reicht der Hörbereich bis über 20 000 Hertz; mit zunehmendem Alter sinkt er auf unter 10 000 Hertz. Dadurch schränkt sich unser Hörvermögen aber nicht allzu sehr ein, denn selbst die höchsten Töne in der Musik liegen noch weit darunter.

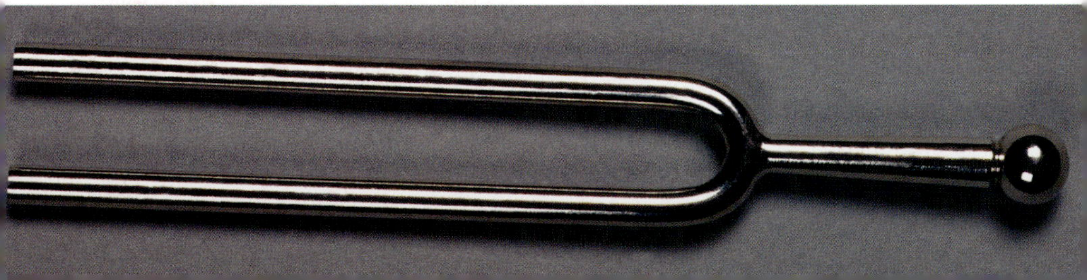

Es gibt einen weiten Bereich von Schallwellen, der unseren Ohren entgeht. Dazu gehört der Infraschallbereich unterhalb von 16 Hertz, den Elefanten zur Verständigung nutzen. Hunde, Katzen, Fledermäuse und Delfine hören noch im weit größeren Ultraschallbereich über 20 000 Hertz.

Die eigene Stimme klingt vom Tonband ganz anders. Das liegt daran, dass wir die Schallschwingungen der eigenen Stimme beim Sprechen nicht nur über Ohrmuscheln und Trommelfell hören, sondern sie dringen auch durch die Schädelknochen ins Ohr. Diese „Knochenleitung“ verfälscht den Klang massiv, weil sie vor allem die tiefen Töne unserer Stimme ins Ohr schickt.

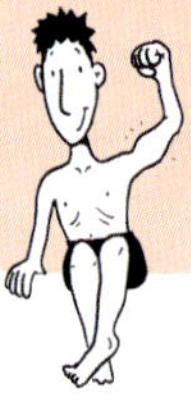

Warum sind Ohren im Flugzeug „belegt“?

Im Flugzeug kann sich Druck im Ohr aufbauen.

Die Ursache für das „Knacken“ in den Ohren, wenn ein Flugzeug startet, sind Veränderungen des äußeren Luftdrucks. Er ist nahe dem Boden höher als in größeren Höhen. Das Trommelfell, die dünne und empfindliche Membran, die die Schallwellen aus der Luft aufnimmt, schließt den Gehörgang fast luftdicht ab. Damit langsame Änderungen des Luftdrucks diese Membran nicht stören, ist das Innenohr über eine dünne Röhre – die Ohrtrompete – mit der Außenluft verbunden. Dadurch herrscht auf beiden Seiten des Trommelfells der gleiche Druck. Bei starken Veränderungen des Luftdrucks, kann sich der Druck auf beiden Seiten der Membran nicht schnell genug ausgleichen. Das macht sich dadurch bemerkbar, dass das Trommelfell unnatürlich gespannt wird und vielleicht sogar schmerzt.

Riechen und Schmecken

Man nennt den Geschmack- und Geruchssinn die „chemischen Sinne“, weil sie winzige Stoffmengen wahrnehmen, die in der Luft oder in der Nahrung stecken – zu unserem Genuss, vor allem aber zur Warnung vor vielleicht verdorbenen Speisen.

Wieso können wir etwas riechen?

Wir riechen etwas, weil wir in der Nase spezielle Sinneszellen besitzen, die winzigste Mengen bestimmter Stoffe in der eingeatmeten Luft auffangen und erkennen können. Sie befinden sich in der Schleimhaut im oberen Nasenteil. Der gesamte Riechbereich beim Menschen ist etwa so groß wie eine Briefmarke, aber enthält einige Millionen winziger Riechzellen. Die Funktion dieser Sinneszellen kann man sich wie ein Türschloss vorstellen: Ein Schloss öffnet nur, wenn ein Schlüssel ganz bestimmter, zum jeweiligen Schloss passender Form eingeführt wird. Ähnlich reagieren die Riechsinneszellen, wenn sich in die entsprechende Vertiefung (Schloss) auf ihrer Oberfläche ein Molekül (Schlüssel) eines chemischen Stoffes mit der richtigen Form einfügt. Wenn sich das passende Molekül in einer Riechzelle einpasst, gibt sie über einen Nerv ein entsprechendes Signal ans Riechzentrum im Gehirn. Nach kurzer Zeit verschwindet das Molekül wieder aus der Riechzelle und macht sie frei – bis zum nächsten ankommenden Molekül. Je häufiger das entsprechende Signal im Gehirn eintrifft, desto stärker empfinden wir den Geruch.

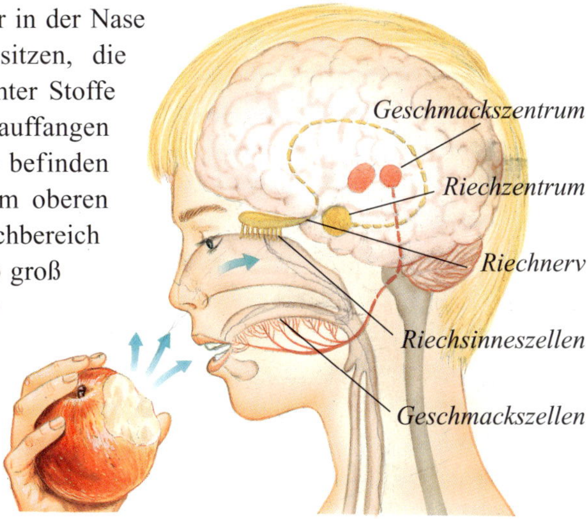

Riech- und Geschmackszellen leiten Signale zu den entsprechenden Zentren ins Gehirn.

Wie empfindlich ist unsere Nase?

Schon wenige Moleküle reichen aus, um die Riechzellen der Nase in Aktion zu versetzen. Wir können manche Stoffe schon in Mengen von wenigen Millionstel Gramm pro Liter Luft erkennen und rund 4000 verschiedene unterscheiden; speziell trainierte „Riechkünstler" sogar etwa 10000. Allerdings strömt normalerweise ein Großteil der Atemluft an den Riechzellen vorbei. Durch „Schnuppern" kann man mehr Luft zu den Sinneszellen bringen und so genauer riechen.

Rosen duften für uns angenehm.

Viele Stoffe können wir nicht riechen, obwohl Moleküle davon in der Luft umherschwirren. Dann besitzen wir für deren Form einfach kein „Schloss". Andererseits gibt es Stoffe, deren Moleküle eine sehr ähnliche äußere Form besitzen. Sie riechen für uns gleich. Das nutzen die Lebensmittel- und die Parfümindustrie aus und setzen für teure Gerüche billigere Ersatzstoffe ein.

Viele Tierarten haben ein besseres Riechvermögen als der Mensch. Schäfer- und Bluthunde haben eine weit größere Riechfläche und viel mehr Riechzellen als der Mensch und können Gerüche etwa 100-mal besser wahrnehmen. Daher werden sie seit langem als Spürhunde bei Lawinenunglücken und auch in der Drogenfahndung eingesetzt.

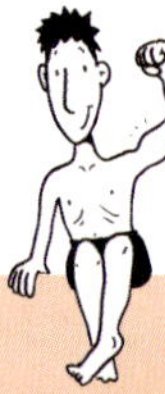

Gerüche wahrzunehmen ist nicht die einzige Aufgabe der Nase. Die feinen Härchen im Naseninnern, die große Innenoberfläche der Nase und der Schleim helfen auch, die eingeatmete Luft von Staub zu reinigen, anzufeuchten und vorzuwärmen. Außerdem hilft die Nase beim Sprechen und Singen; deshalb hören sich Sprache und Gesang deutlich anders an, wenn man die Nase zukneift oder unter starkem Schnupfen leidet.

Wie schmecken wir etwas?

Mit unserer Zunge können wir nicht nur schmecken.

Die Zunge fühlt sich rau an, weil sie von Tausenden „Papillen“ bedeckt ist, die die Nahrungsbissen festhalten. An den Papillen sitzen winzige Sinneszellen in Geschmacksknospen, die den Geschmack wahrnehmen. Ähnlich wie bei den Riechzellen der Nase werden sie angeregt, wenn sich Moleküle bestimmter Form auf ihnen niederlassen. Dann senden sie über Nerven ein Signal ans Gehirn. Unsere Geschmackszellen sind etwa 10 000-mal weniger empfindlich als die Riechzellen.

Wir können nur etwa 5 Geschmacksarten wahrnehmen: süß, sauer, salzig, bitter und ein bestimmter Geschmack, der in der fernöstlichen Küche verwendet wird. Am stärksten reagieren die Geschmackszellen für „bitter“. Sie sind auch besonders wichtig, denn zahlreiche giftige Stoffe in Pflanzen verraten sich durch ihren bitteren Geschmack. Solche Bissen werden daher ausgespuckt, bevor das Gift in den Körper gelangen kann.

Schmecken können wir nur Stoffe, die in Wasser oder Speichel gelöst sind. Die Unterschiede in den Geschmacksvorlieben der Menschen sind sehr groß und hängen zum Teil mit den Essgewohnheiten der Menschen zusammen, zum Teil aber auch mit dem Alter: Kinder mögen meist süße Dinge besonders gern, während sie Bitteres stark ablehnen.

Querschnitt einer Zunge

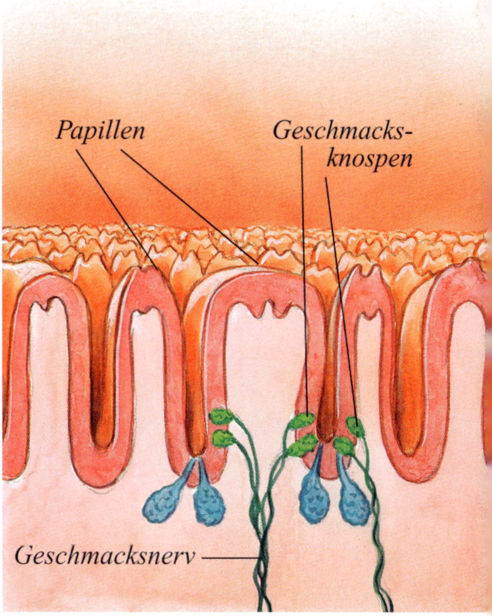

Warum schmeckt bei Schnupfen das Essen nicht?

Nicht nur die Zunge, sondern auch die Nase ist beim Prüfen der Speisen stark beteiligt. Sie nimmt die zahlreichen Duftstoffe auf, die vom Teller und beim Kauen und Schlucken aufsteigen. Die Zunge nimmt nur die „Grundgeschmäcker“ sauer, süß, salzig und bitter wahr. Ist die Nase bei einer starken Erkältung verstopft, können die Duftstoffe der Gerichte nicht von den Riechzellen in der Nasenschleimhaut erkannt werden. Dann schmeckt das Essen meist ziemlich fade. Mit verbundenen Augen und verstopfter Nase könnte man nicht einmal entscheiden, ob man in einen Apfel, eine Kartoffel oder eine Zwiebel beißt!

Aber auch im Mund spielt nicht nur der Geschmack eine Rolle. Die Zunge sowie die Lippen spüren auch, ob Nahrungsbissen oder Getränke zu heiß oder zu kalt sind und wie sie sich im Mund anfühlen. So warnt die Zunge vor spitzen Nädelchen in Früchten, Knochensplittern im Fleisch oder Gräten im Fisch und löst wiederum eine angenehme Empfindung bei cremigem Speiseeis oder knackigen Erdnussflips aus.

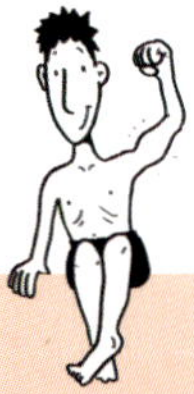

Wie die Nase hat auch die Zunge vielfältige Aufgaben. An der Oberfläche sitzen die Geschmackszellen; im Innern besteht sie aus sechs kräftigen Muskeln. Die Zunge hilft dabei, Nahrungsmittel in den Mund zu holen, sie bewegt die Bissen, um sie einzuspeicheln, schiebt sie beim Kauen umher und befördert die Bissen schließlich in den Schlund. Und natürlich ist sie unverzichtbar beim Sprechen.

Ein Baby kommt zur Welt

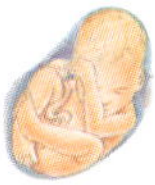

Es gehört zu den größten Wundern der Natur, dass im weiblichen Körper ein winziger Mensch entsteht und heranreift, bis er schließlich bei der Geburt in ein selbstständiges Leben entlassen wird. Doch damit neues Leben entstehen kann, müssen viele Organe im weiblichen wie im männlichen Körper zusammenarbeiten.

Wodurch unterscheiden sich Männer und Frauen?

Es gibt zahlreiche Unterschiede im Bau von männlichem und weiblichem Körper. So sind bei Männern meist die Gesichter kantiger und die Muskeln kräftiger als bei Frauen. Der Brustkorb ist breiter, Arme und Beine sind länger, die Hände größer, und der ganze Körper ist stärker behaart. Frauen haben einen stärker abgerundeten Körper, eine schmalere Taille, eine höhere Stimmlage und ein breiteres Becken.

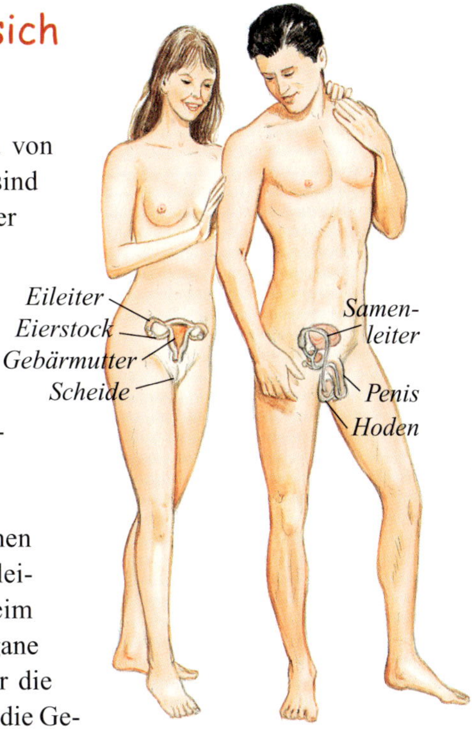

Frauen und Männer unterscheiden sich durch äußere und innere Geschlechtsmerkmale.

Noch deutlicher sind die unterschiedlichen Geschlechtsorgane, auch wenn sie bei bekleideten Menschen nicht sichtbar sind. Beim Mann liegen die wichtigen Geschlechtsorgane außen: der Penis und der Hodensack, der die beiden Hoden schützt. Bei der Frau liegen die Geschlechtsorgane dagegen gut geschützt im Körperinnern. Es sind vor allem die Eierstöcke, die Eileiter, die Gebärmutter, in der die Babys heranwachsen, und die Scheide, durch die sie geboren werden. Äußerlich sichtbar sind bei Frauen die Schamlippen, die den Ausgang von Scheide und Harnröhre verbergen und schützen sowie die Brüste, in denen sich nach der Geburt eines Kindes die Muttermilch bildet.

Warum haben Kinder Vater und Mutter?

Auch wenn die Babys im Körper der Frau heranwachsen, hat doch der Mann ebenso einen Anteil daran, dass überhaupt ein Baby entsteht. Denn ein Baby entwickelt sich nur aus einer befruchteten Eizelle, die das Erbgut von Mann und Frau enthält. Deshalb ähneln Kinder oft den Elternteilen im Aussehen oder in bestimmten Charakterzügen.

Kinder besitzen zu gleichen Teilen Erbgut von der Mutter und dem Vater.

Das Erbgut des Mannes ist für die Fortpflanzung in mikroskopisch kleinen Zellen verpackt, die Spermien heißen und in den Hoden gebildet werden – über 100 Millionen pro Tag. Jedes dieser Spermien hat eine Geißel, die es hin und her schwingen und sich dadurch vorwärts bewegen kann. Die Spermien werden in den schlauchförmigen Nebenhoden gespeichert. Dort durchlaufen sie auch einen Reifungsprozess.

In den Eierstöcken der Frau reifen die Eizellen heran, die jeweils das Erbgut enthalten. Einmal pro Monat wandert eine reife Eizelle durch einen der beiden röhrenartigen Eileiter in die Gebärmutter. Dieses muskulöse Organ ist mit einer stark durchbluteten Schleimhautschicht ausgekleidet. Wird das Ei nicht befruchtet, stirbt es nach einigen Stunden ab. Rund 14 Tage später wird auch der äußere Teil der Schleimhautschicht abgestoßen und durch die Scheide ausgeschieden. Das ist die Monatsblutung, Menstruation oder Regel.

Nur etwa einmal im Monat wandert ein reifes Ei in den Eileiter, und es bleibt dort auch nur einen Tag befruchtungsfähig. Die Spermien überleben höchstens drei Tage im Eileiter. Es gibt also nur wenige Tage im Monat, an denen überhaupt eine Schwangerschaft zu Stande kommen kann.

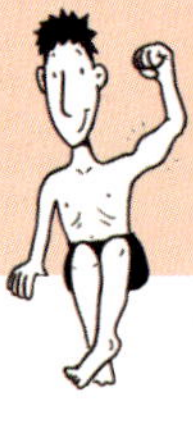

Wie entstehen Babys?

Damit ein Baby entstehen kann, müssen eine Eizelle und ein Spermium zusammentreffen. Das geschieht beim Geschlechtsakt. Dabei wird der Penis durch Erregung steif, richtet sich auf und kann in die Scheide der Frau eingeführt werden. Der Geschlechtsverkehr löst sehr angenehme Gefühle bei beiden Partnern aus und führt nach kurzer Zeit zum Samenerguss tief in der Scheide, also zum Ausstoßen von vielen Millionen Spermien. Die Spermien wandern mithilfe ihrer Geißeln sofort in die Gebärmutter und dann in die Eileiter. Trifft ein Spermium dort auf eine Eizelle, so vereinigt es sich mit ihr. Solch eine befruchtete Eizelle enthält das Erbgut von Mann und Frau und ist die erste Zelle des neuen Menschen.

Diese erste Zelle teilt sich nach etwa 30 Stunden in zwei Zellen, nach weiteren 20 Stunden in vier Zellen, und so geht es weiter. Es entsteht ein kleiner Zellhaufen, der sich nach etwa 6 Tagen in der Schleimhaut der Gebärmutter

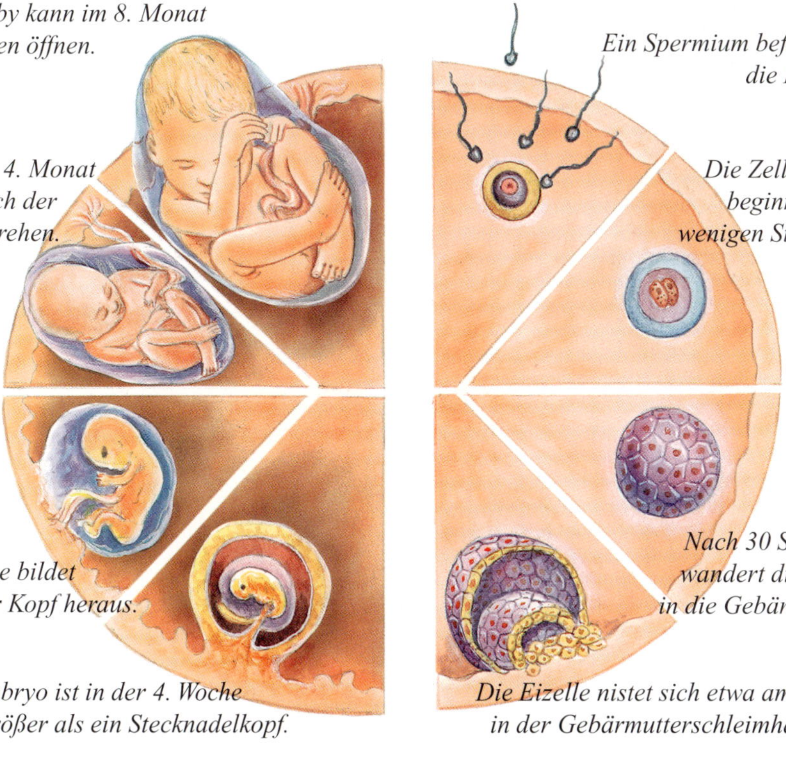

Ein Spermium befruchtet die Eizelle.

Die Zellteilung beginnt nach wenigen Stunden.

Nach 30 Stunden wandert die Zelle in die Gebärmutter.

Die Eizelle nistet sich etwa am 6. Tag in der Gebärmutterschleimhaut ein.

Der Embryo ist in der 4. Woche nicht größer als ein Stecknadelkopf.

In der 6. Woche bildet sich der Kopf heraus.

Ab dem 4. Monat kann sich der Fötus drehen.

Das Baby kann im 8. Monat die Augen öffnen.

einnistet. Im Laufe der ersten 3 Monate wächst der „Embryo“ zu einem nur wenige Zentimeter großen „Fötus“ heran und schwimmt innerhalb einer mit Flüssigkeit gefüllten Haut, der Fruchtblase, in der Gebärmutter. Der Fötus sieht schon aus wie ein kleines menschliches Wesen und besitzt bereits alle Organe. Sie sind zwar noch in einem sehr frühen Stadium, aber das Herz zum Beispiel schlägt bereits in der 15. Woche.

Wie läuft eine Geburt ab?

Etwa 9 Monate nach der Befruchtung ist das Baby so weit herangewachsen, dass es den schützenden Körper der Mutter verlassen kann. Im Laufe einiger Tage leitet nun der Körper den Geburtsvorgang ein. Die Scheide weitet sich und wird durch besondere Sekrete gleitfähig. Bei der Geburt pressen die Muskeln der Gebärmutter das Baby nach und nach hinaus. Das dauert meist mehrere Stunden. Das Pressen, also das heftige Zusammenziehen der Muskeln, ist sehr schmerzhaft und wird daher „Wehen“ genannt. Schließlich gleitet das Baby, mit dem Kopf voran, aus dem Körper der Mutter. Mit dem ersten Atemzug und dem ersten Schrei kündigt es seine Ankunft in der Welt an. Zunächst hängt es noch an der Nabelschnur, aber der Körper unterbricht diese Verbindung bald, und die Nabelschnur wird abgeschnitten. Nachdem die Mutter ihr Neugeborenes einige Zeit im Arm halten durfte, wird das Kind vorsichtig gewaschen und untersucht.

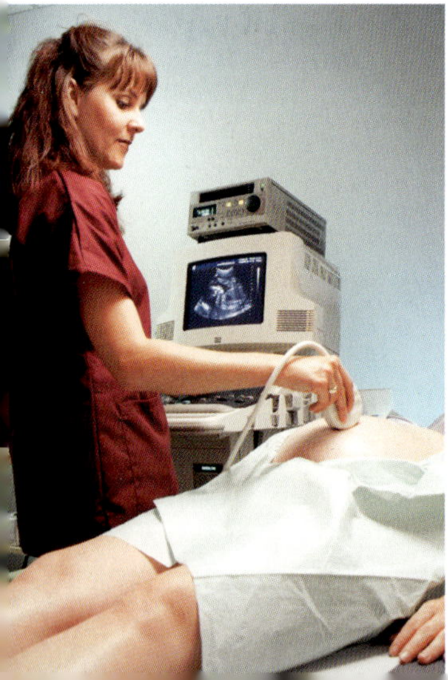

Kann man schon vor der Geburt das Geschlecht erkennen?

Schon vom Augenblick der Befruchtung an steht das Geschlecht des Kindes fest, denn das wird vom Erbgut bestimmt. Das Erbgut bestimmt auch ungefähr sein späteres Aussehen mit Körperbau, Haar- und Augenfarbe und manche Charaktereigenschaften.

Ultraschalluntersuchung einer Schwangeren

Etwa ab der 13. Woche entwickeln sich langsam die Geschlechtsteile des Fötus. Bald darauf ist es möglich, auch von außen das Geschlecht zu erkennen. Der Arzt, der die werdende Mutter regelmäßig untersucht, nutzt dazu ein Ultraschallgerät. Es sendet unhörbare Schallwellen aus und fängt die Echos auf, die die inneren Organe und der Fötus erzeugt. Aus diesem Signalen entsteht ein Bild auf einem Bildschirm. Mit geübten Augen kann man darauf vielleicht den Penis erkennen, wenn es ein Junge wird. Bei Mädchen ist das Geschlecht zunächst weniger sicher zu erkennen.

Es gibt aber viele Eltern, die zu diesem Zeitpunkt noch gar nicht wissen wollen, ob sie einen Jungen oder ein Mädchen bekommen – sie möchten sich bei der Geburt überraschen lassen.

Was essen und trinken Ungeborene?

Obwohl das im Mutterleib heranwachsende Kind nach einigen Wochen Mund, Magen, Darm und Lunge besitzt, nutzt es diese Organe nicht zum Essen, Trinken und Atmen. Das braucht es auch nicht, denn es wird von der Mutter mit allem versorgt. Der Körper des Fötus ist an den Blutkreislauf der Mutter angeschlossen und bekommt über das mütterliche Blut Nährstoffe und Sauerstoff; gleichzeitig werden Abfallprodukte abgeführt. Die schnurartige Verbindung zwischen Mutter und Kind, in der die Adern laufen, nennt man Nabelschnur. Bei jedem Menschen kann man sein ganzes Leben lang die Stelle erkennen, wo sie in den Körper mündete – das ist der Bauchnabel.

Der enge Kontakt zwischen mütterlichem Blut und Kind führt allerdings dazu, dass das Kind eventuellen schädlichen Stoffen im Blut ausgesetzt wird. Deshalb sollten werdende Mütter möglichst keine Medikamente nehmen und auf keinen Fall Alkohol trinken oder rauchen – sie vergiften damit ihr Kind.

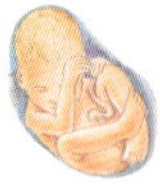

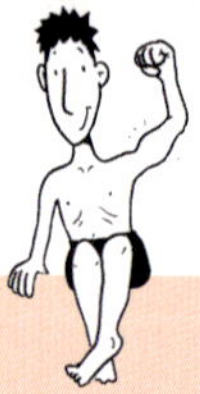

Bei manchen Geburten gibt es Probleme, die das Kind gefährden und schnelles Eingreifen erfordern – zum Beispiel wenn das Baby plötzlich zu wenig Sauerstoff bekommt. Man erkennt das an den Herztönen des Kindes, die während einer Geburt ständig überwacht werden. Dann wird das Kind durch eine Operation unter voller Betäubung der Mutter mit einem Kaiserschnitt aus dem Bauch geholt.

Können Babys zu früh zur Welt kommen?

Normalerweise wiegen Babys bei der Geburt zwischen 3 und 4 Kilogramm und sind ungefähr 50 Zentimeter groß. Sie haben dann etwa 40 Wochen im Bauch der Mutter verbracht. Manchmal werden Kinder aber auch zu früh geboren. Liegt ihr Geburtsgewicht unter 2,5 Kilogramm, spricht man von einer Frühgeburt. Früher starben solche Kinder oft. Ihre Organe sind noch nicht voll ausgereift, besonders das Atmen kann ihnen Probleme bereiten.

Heute gibt es aber besondere Behandlungsmethoden, durch die auch Kinder überleben und normal heranwachsen, die bei der Geburt nur etwa 1,5 Kilogramm wogen. Sie werden in den ersten Tagen meist in „Brutkästen“ gelegt, in denen sie es besonders warm haben und die sie auch vor Krankheitserregern weit gehend schützen. Bei diesen Babys, die auch „Frühchen“ genannt werden, ist der körperliche Kontakt zu den Eltern für die Entwicklung besonders wichtig. Deshalb werden sie bei Besuchen sehr oft auf die Brust der Mutter oder des Vaters gelegt.

Zu früh geborene Babys werden in einen schützenden Brutkasten gelegt.

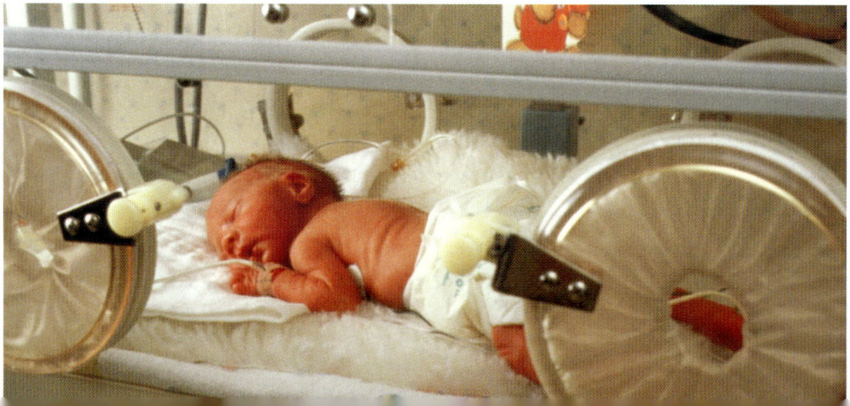

Babys trinken in den ersten Lebenswochen alle 2 bis 4 Stunden Muttermilch.

Warum trinken Babys Muttermilch?

Muttermilch ist die beste Nahrung, die Babys in der ersten Zeit ihres Lebens bekommen können. Sie enthält ähnliche Inhaltsstoffe wie normale Kuhmilch, allerdings etwas mehr Fett und weniger Eiweiß. Dennoch wäre Kuhmilch für Menschenkinder kaum geeignet, denn sie enthält Bestandteile, die neugeborene Kinder kaum verdauen können, während Muttermilch optimal zusammengesetzt ist. Vor allem aber enthält Muttermilch außer Nährstoffen bestimmte Inhaltsstoffe, die das Kind vor Krankheitserregern schützt und die es in den ersten Monaten noch nicht selbst herstellen kann. Deshalb raten Kinderärzte dazu, Kinder mit Muttermilch zu stillen und nur die käuflichen Ersatzpräparate zu nutzen, wenn die Mutter selbst nicht genug Milch erzeugen kann.

Schon einige Tage vor der Geburt schwellen die Brüste der werdenden Mütter an und bilden Muttermilch. Die Neugeborenen suchen unbewusst nach einer mütterlichen Brustwarze, saugen daran und locken so die Milch heraus. Das ist für die Mutter nicht schmerzhaft, denn kleine Kinder besitzen noch keine Zähne. Das Saugen ist vielmehr angenehm und fördert die weitere Milchproduktion.

Was sind eineiige Zwillinge?

Bei manchen Geburten kommen gleich zwei oder noch mehr Kinder in kurzen Abständen zur Welt. Diese Kinder nennt man Zwillinge. Sie teilten sich den Raum in der Gebärmutter und entwickeln sich dort gleichzeitig. Im Durchschnitt kommt unter etwa 100 Geburten ein Zwillingspaar zur Welt.

Es gibt zwei grundsätzlich unterschiedliche Arten von Zwillingen: Bei „zweieiigen Zwillingen“ reifen mehrere Eizellen zur gleichen Zeit heran und werden auch befruchtet. Die so entstehenden Kinder sind normale Geschwister, die nur zufällig genau gleichaltrig sind. Sie können unterschiedliche Geschlechter und verschiedenes Aussehen haben, denn die vererbbaren Eigenschaften von Vater und Mutter sind bei ihnen vermischt.

„Eineiige Zwillinge“ hingegen stammen aus einer einzigen Eizelle. Dabei spalten sich die Zellen, die sich aus der befruchteten Eizelle entwickelt haben, in einem frühen Stadium in zwei getrennte Zellhaufen auf und entwickeln sich getrennt voneinander. Daher ist auch ihr Erbgut identisch. Eineiige Zwillinge haben stets das gleiche Geschlecht und sehen sich zum Verwechseln ähnlich. Oft haben sie die gleichen Vorlieben und Abneigungen und verfolgen sogar auch unabhängig voneinander ähnliche Lebenswege.

Zwillinge sind mit etwa 1 Prozent aller Geburten noch vergleichsweise häufig. Drillinge kommen dagegen im Durchschnitt nur bei jeder 10 000sten Geburt, Vierlinge sogar nur bei jeder millionsten Geburt zur Welt. Und Fünf- oder gar Sechslinge sind so selten, dass ein solcher Fall weltweit Zeitungsschlagzeilen macht. Übrigens: Etwa drei Viertel aller Zwillinge sind zweieiig, nur ein Viertel ist eineiig.

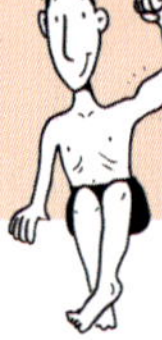

Gesund bleiben

Natürliche Krankheitserreger wie Bakterien, Viren, die intensive Sonnenstrahlung und auch vom Menschen selbst verursachte Gesundheitsgefahren, wie zum Beispiel das Rauchen, lassen uns erkranken. Jeder Einzelne kann aber viel tun, um gesund zu bleiben.

Wie schützt sich der Körper gegen Krankheitserreger?

Die wichtigste Maßnahme des Körpers zur Abwehr von Krankheitskeimen ist die Haut, die keine Erreger hineinlässt. Im Verdauungstrakt helfen Speichel und Magensäure beim Abtöten von Keimen. Aber selbst wenn durch Einatmen oder Verletzungen Keime in den Körper eindringen, steht ihnen eine Fülle von Gegnern gegenüber. Man fasst die unterschiedlichen Methoden der Abwehr als Immunsystem zusammen. Zum Immunsystem gehören die Mandeln in Gaumen und Rachen, die Thymusdrüse hinter dem Brustbein und die Milz.

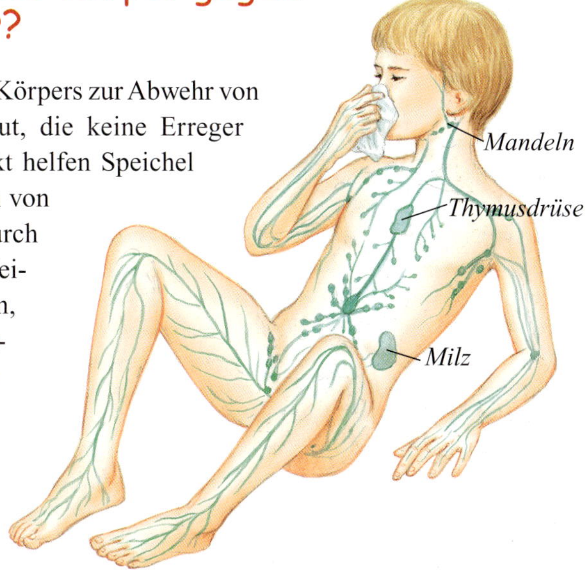

Lymphsystem des Körpers

Eine besonders wichtige Rolle spielt das Lymphsystem. Im Lymphsystem bewegen sich vor allem Abwehrzellen. Sie sind dazu da, Fremdstoffe und Erreger aufzuspüren und zu vernichten. Viele solcher Zellen kreisen auch im Blutstrom; zu ihnen gehören die weißen Blutkörperchen. Manche dieser Zellen können sogar durch die Aderwände wandern und sich quer durchs Gewebe quetschen, um Erregern auch dort auf der Spur zu bleiben.

Warum ist Sporttreiben gesund?

Viele Jahrmillionen lang mussten unsere Vorfahren ständig unterwegs sein: Sie sammelten Früchte, gingen auf die Jagd oder liefen vor Gefahren davon. Unser Körper hat sich daher im Laufe der Zeit an diese ständige Bewegung gewöhnt: Stoffwechsel, Atemorgane, Herz, Muskeln, Knochen und Gelenke brauchen sie sogar.

Fußball spielen trainiert vor allem die Kondition.

Heute sitzen wir jeden Tag viele Stunden in der Schule, im Büro oder vor dem Fernseher. Regelmäßiger Sport ist daher ein gutes Mittel, um gesund und fit zu bleiben. Welche Sportart man bevorzugt, bleibt sich dabei ziemlich gleich. Hauptsache, man bewegt sich kräftig, kommt jeden Tag ein Mal ins Schwitzen und außer Atem, um Herz und Lunge zu stärken und bewegt möglichst viele Muskeln und Gelenke. Vor dem eigentlichen Sport sollte man sich durch leichte Dehn- und Bewegungsübungen aufwärmen, um Muskelschäden zu vermeiden.

Wichtig ist allerdings, nicht zu übertreiben. Wenn man sich jahrelang kaum bewegt hat, darf man nicht alles auf einmal nachholen wollen und plötzlich übermäßig durch die Lande joggen – das kann zu schweren Schäden, schlimmstenfalls zum Herztod führen.

Warum ist es ungesund, zu schwer zu sein?

Jeder fünfte Deutsche ist zu schwer, warnen die Ärzte. Selbst viele Kinder sind schon zu dick. Die zusätzlichen Kilos an Bauch, Taille und Po machen den Körper auf vielerlei Arten krank. Fett und andere Stoffe reichern sich in der Wand der Blutadern an und bilden Verdickungen, so genannte „Plaques“. Diese Plaques können aufplatzen, die Blutgerinnung in Gang setzen und so einen Blutpfropf bilden, der die Ader verstopft. Dadurch fällt für die betroffenen Körperteile die Sauerstoffversorgung aus. Geschieht das bei den wichtigen „Großverbrauchern" von Sauerstoff wie Herz oder Hirn, können Herzinfarkt oder Hirnschlag die Folge sein. Viele innere Organe kommen mit dem übermäßigen Nährstoffangebot nicht zurecht. Die Leber verfettet, in der Gallenblase lagern sich feste Stoffe als harte Gallensteine ab, und wenn die Traubenzuckerregulation im Blut versagt, ist die Zuckerkrankheit Diabetes die Folge. Sie ist besonders tückisch: Zunächst völlig schmerzlos zerstört sie feine Adern in Hirn, Augen und anderen Körperteilen. Auch das Skelett verträgt eine zu hohe Belastung durch zu viel Gewicht nicht gut. Das führt mit der Zeit zu schmerzhaften Veränderungen an Knien, Hüften und Wirbelsäule.

Am einfachsten, allerdings etwas ungenau, rechnet man das Normalgewicht als Größe in Zentimetern minus 100 = Sollgewicht in Kilogramm. Wer 172 Zentimeter groß ist, sollte also um die 70 Kilogramm auf die Waage bringen. Einige Kilo mehr oder weniger sind noch kein Problem, je nach Statur.

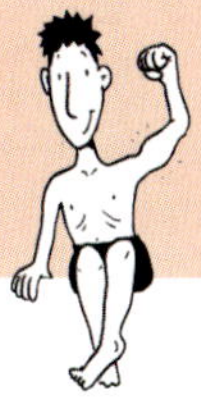

Wie schützt eine Impfung?

Das Impfen unterstützt die Körperabwehr, das Immunsystem, gegen bestimmte Krankheitserreger. Wenn ein Erreger in den Körper eindringt und sich vermehrt, wird er schnell von bestimmten „Spürzellen" des Immunsystems erkannt. Sie rufen durch chemische Botenstoffe weitere Abwehrzellen zu Hilfe. Es dauert allerdings nach dem ersten Kontakt mit einem

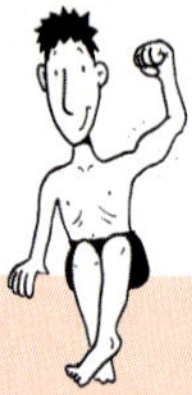

Das Impfen ist erst etwa 200 Jahre alt. Der englische Arzt Edward Jenner beobachtete damals, dass Menschen von der tödlichen Pockenkrankheit verschont blieben, wenn sie schon einmal Kuhpocken gehabt hatten. So infizierte er Menschen gezielt mit Kuhpockenerregern. Im Laufe der Zeit wurde dieses Impfen ständig verbessert. Heute gelten die Pocken dank der Impfung weltweit als ausgerottet.

neuen Bakterium oder Virus einige Zeit, bis der Körper Zellen herstellen kann, die genau auf diesen Erreger abgestimmt sind und ihn wirklich erfolgreich bekämpfen. Es entwickelt sich ein Wettlauf mit der Zeit: Der Erreger vermehrt sich und könnte schließlich durch seine riesige Zahl die Körperabwehr überwinden. Es sei denn, die Produktion spezieller Abwehrzellen verläuft schnell genug, um ihn noch zu stoppen.

In diesem Rennen hat natürlich derjenige Körper einen Vorteil, der den jeweiligen Erreger schon kennt und Abwehrzellen „auf Vorrat“ produziert und bereit gehalten hat. Und genau das ist das Ziel einer Impfung. Man spritzt oder schluckt eine kleine Zahl von Erregern, die durch eine bestimmte Behandlung ungefährlich gemacht wurden. Der Körper erkennt dennoch den Erreger und produziert seine Abwehrzellen. Bei einem „echten Angriff“ des Erregers hat er einen klaren Zeitvorteil. Leider funktioniert das nicht bei allen Arten von Erregern. Manche verändern ständig ihre äußere Hülle und tarnen sich so vor den speziellen Abwehrzellen.

Vor Reisen in tropische Länder sind bestimmte Impfungen Pflicht oder es werden vorbeugende Medikamente wie für Malaria empfohlen. Bei der Planung einer solchen Reise sollte man daher den Hausarzt zu Rate ziehen.

Empfohlene Impfungen im Kindesalter

- Diphtherie
- Grippe
- Virushepatitis B
- Keuchhusten
- Kinderlähmung
- Masern
- Mumps
- Röteln
- Tetanus (Wundstarrkrampf)

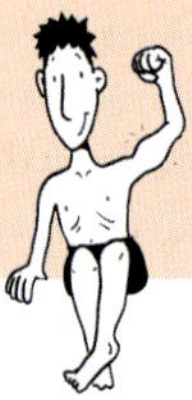

Ein leckerer Apfel versorgt uns mit vielen wichtigen Vitaminen.

Wie ernährt man sich richtig?

Jeden Tag nur Fritten oder Kuchen zu essen ist sicher nicht gesund. Ernährungsforscher raten, sich möglichst vielseitig zu ernähren. Eiweiß, Fett und Kohlenhydrate sollten gut gemischt sein, wobei man eine Menge von etwa 40 Gramm Eiweiß, 40 Gramm Fette und 500 Gramm Kohlenhydrate pro Tag nicht überschreiten sollte. Es hat sich gezeigt, dass pflanzliche Fette dabei gesünder sind als tierische. Auf Fleisch muss aber keineswegs verzichtet werden, zumal es wichtiges Eisen enthält.

Gesund ist es, viel Obst und Gemüse sowie Milch und Eier zu sich zu nehmen. Diese Nahrungsmittel enthalten die nötigen Vitamine und Mineralstoffe und zusätzlich Ballaststoffe. Grundsätzlich sinnvoll ist es, möglichst naturbelassene Nahrung zu wählen und nicht ständig industriell hergestellte Nahrungsmittel wie Fertiggerichte und Tütensuppen zu essen. Man sollte lieber Vollkornbrot statt Weißbrot kaufen, mit Kräutern würzen und wenig salzen, viel trinken, aber keinen Alkohol und nicht zu viel Zucker essen.

Und zur Entlastung des Verdauungssystems ist es wichtig, nicht zu viel zu essen. Statt wenigen großen sollten lieber mehrere kleinere Mahlzeiten auf den Tag verteilt werden.

Warum ist Sauberkeit wichtig?

Körperliche Sauberkeit sollte man schon aus Rücksicht auf seine Mitmenschen anstreben – wer mag schon mit jemandem zusammen sein, der nach

Schweiß- oder Käsefüßen riecht, Mundgeruch und schwarze Fingernägel hat und schlimmstenfalls noch Läuse oder andere Mitbewohner.

Sauberkeit fördert außerdem die Gesundheit. Wahrscheinlich haben sauberes Trinkwasser und der Gebrauch von Seife und Waschmittel die durchschnittliche Lebensdauer der Menschen stärker erhöht als die Erfindung von Antibiotika und anderen Arzneimitteln. Denn zahlreiche Krankheitserreger vermehren sich auf schmutziger Haut oder in unsauberem Wasser und können dann leichter den Menschen befallen. Eine von schädlichen Keimen wimmelnde Mundhöhle zerstört nicht nur Zähne und Zahnfleisch, die Keime greifen auch bald auf andere Organe über. Das regelmäßige Waschen von Körper und Kleidung verhindert außerdem den Befall durch Parasiten wie Flöhe, Läuse und Wanzen, die mit ihren Stichen zum Teil gefährliche Krankheitserreger übertragen.

Kann man von Lärm taub werden?

Lärm ist sehr schädlich für die winzigen Haarsinneszellen im Innenohr. Eine Rockgruppe zum Beispiel kann durch die Verstärker und Lautsprecher genauso laut sein wie ein startendes Flugzeug. Werden unsere Ohren häufig solch lauter Musik ausgesetzt, könnte der Ohrenarzt bald Ohrenschä-

Wenn man Walk- oder Discmen zu laut stellt, können sie dem Trommelfell schaden.

den feststellen. Diese Schäden bleiben ein Leben lang erhalten und können sogar zu Taubheit führen. Man hat schon mehrfach Untersuchungen an Discobesuchern durchgeführt und zum Teil bei mehr als einem Drittel von ihnen Hörschäden ermittelt – teilweise so stark, dass diese Jugendlichen bestimmte Berufe nicht mehr ausüben konnten.

Übrigens schädigt Lärm nicht nur die Ohren. Man hat an Arbeitern gemessen, dass Lärm insgesamt die Leistung mindert und bedenkliche körperliche Folgen wie hoher Blutdruck verursacht. Wer an einer stark befahrenen Straße oder neben einem Flugplatz wohnt, kann über die Jahre von diesem ständigen Lärm sogar krank werden, auch wenn er kaum noch bewusst darauf achtet. Deshalb gibt es recht strenge Lärmschutzvorschriften.

Warum sind Flöhe und Läuse gefährlich?

Nisse

Kopflaus

Es gibt eine Reihe von Insekten, die mit einem winzigen Stechrüssel ausgestattet sind, um unsere Haut zu durchbohren und unser Blut zu saugen. Leider haben sich zahlreiche gefährliche Krankheitserreger diese Möglichkeit zu Nutze gemacht, unter unsere Haut zu gelangen. Flöhe zum Beispiel waren in früheren Zeiten Überträger der Pest. Die Pesterreger konnten sich erst von den Ratten auf Menschen und dann von Mensch zu Mensch ausbreiten – und töteten im 14. Jahrhundert ein Viertel der europäischen Bevölkerung.

Heute sind Flöhe bei uns selten geworden. Sehr viel häufiger sind bei uns Kopf- und Kleiderlaus. Diese etwa 4 Millimeter großen Insekten heften sich und ihre Eier, die Nissen, gern an Haare und saugen etwa dreimal täglich Blut. Läusebisse, erkennbar an kleinen roten Punkten, jucken sehr stark. In Kriegszeiten, wenn man seltener zum Waschen der Kleider kam, breiteten sie sich besonders stark aus und übertrugen Fleckfiebererreger. Dieser Erreger ist bei uns zum Glück selten geworden.

Warum bekommt man einen Sonnenbrand?

Ein Sonnenbrand entsteht, weil die Sonne nicht nur Wärmestrahlung und sichtbares Licht aussendet, sondern auch ultraviolettes (UV) Licht. Dieses Licht ist besonders energiereich und kann daher in den Hautzellen chemische Veränderungen und Schäden auslösen. In kleinen Mengen repariert der Körper solche Schäden. Wenn er oft kleinen UV-Mengen ausgesetzt wird, schützt er sich durch Bildung des Farbstoffs Melanin in der Haut, also durch Hautbräunung. Gelangt aber zu viel UV-Licht auf die Haut, rötet sie sich und „brennt“, in schlimmeren Fällen entstehen sogar Hautblasen. Das nennt man Sonnenbrand.

Vor dem Sonnenbaden sollte man das Eincremen nicht vergessen.

Schlimmer noch ist allerdings die Wirkung der UV-Strahlen auf das Erbgut der Hautzellen. Das energiereiche Licht kann das Erbgut so verändern, dass sich die Zellen ungezügelt vermehren. Es bildet sich ein Hautkrebsgeschwür, das ohne baldige Behandlung tödlich sein kann. Oft treten diese Wucherungen erst Jahre nach einem Sonnenbrand auf. Deshalb sagen die Mediziner: „Die Haut vergisst nichts“. Man sollte sich daher möglichst wenig der Sonne aussetzen und sich sonst mithilfe von Sonnenschutzcreme mit hohen Lichtschutzfaktoren schützen, die das UV-Licht schlucken.

Zu intensives und häufiges Waschen schädigt zum einen den Schutzfilm der Haut, zum anderen kommt der Körper dadurch nicht mit bestimmten Keimen in Berührung. Kinder, die immer vor allem Schmutz geschützt wurden, erkranken später um so häufiger, weil das Immunsystem die Keimabwehr nie trainieren konnte.

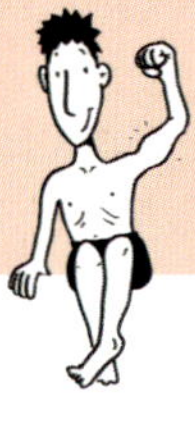

Wie kann man Zahnschmerzen vermeiden?

Verhindern kann man Zahnschmerzen durch gründliches Reinigen der Zähne und besonders auch der Zwischenräume mit Zahnbürste und Zahnseide nach jedem Essen. Auch fluoridhaltige Zahnpasta nützt; das darin enthaltene Fluor lagert sich in den Zahnschmelz und macht ihn widerstandsfähiger.

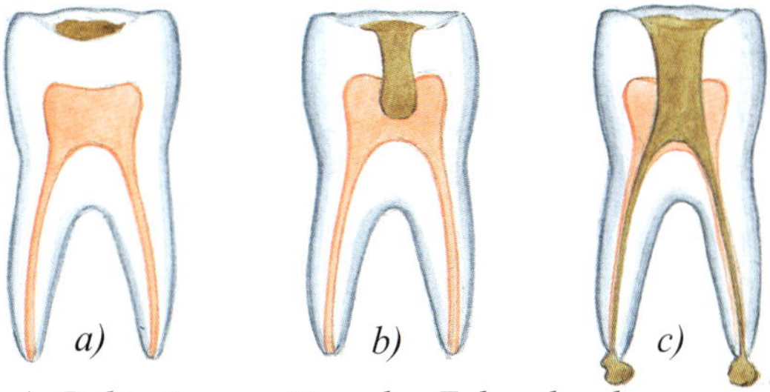

a) Bakterien zerstören den Zahnschmelz
b) Karies greift das Zahnmark an. Der Nerv wird gereizt und schmerzt.
c) Der Wurzelkanal entzündet sich, dadurch ist der ganze Zahn gefährdet.

Zähne sind lebende Gebilde und bei mangelnder Pflege angreifbar für Schäden und Krankheitserreger. Bei schlechtem Zähneputzen sammelt sich zwischen den Zähnen und an den Zahnhälsen ein zäher, durchsichtiger Schleim, die Plaque. Entfernt man sie nicht, wird sie mit der Zeit sogar zu hartem Zahnstein. Plaque und Zahnstein sind gefährliche Mischungen aus Bakterien und Speiseresten. Die Bakterien zersetzen Zucker und Stärke in den Speiseresten und bilden daraus Säuren, die den Zahnschmelz angreifen. Man nennt diese Erkrankung Karies oder Zahnfäule. Zunächst verläuft Karies schmerzfrei. Dafür spürt man es um so stärker, wenn der Lochfraß bis zum Zahnmark mit seinen Nerven und Blutbahnen vorgedrungen ist. Ein Zahnarzt kann Karies schon wesentlich früher erkennen und behandeln. Deshalb ist es wichtig, zweimal im Jahr zur Kontrolluntersuchung zu gehen.

Warum ist Rauchen so gefährlich?

Rauchen ist eine lebensgefährliche Angewohnheit und die Hauptursache für Lungenkrebs. Der Rauch von Zigaretten, Zigarren und Pfeifen enthält eine Vielzahl hochgiftiger Stoffe. Teer aus dem Rauch der Zigaretten lagert sich in die feinen Lungenbläschen ein und zerstört sie langsam, wodurch

Raucher schlechter atmen können und immer unsportlicher werden. Bestimmte Stoffe im Rauch behindern den Sauerstofftransport im Blut. Dadurch bekommen die Organe weniger Sauerstoff als nötig. Bei langjährigen Rauchern können auch durch mangelnde Durchblutung die Beine erkranken („Raucherbein"). Nach Daten der Weltgesundheitsorganisation (WHO) stirbt jeder dritte Raucher an den Folgen des „blauen Dunstes". Das sind pro Jahr 3,5 Millionen Menschen, also rund 10 000 pro Tag!

Warum soll man keinen Alkohol trinken?

Alkohol schädigt das Nervensystem, die Leber und mehrere innere Organe. Kinder und Jugendliche, deren Körper sich noch entwickelt, reagieren auf dieses Gift stärker als Erwachsene. Viele Menschen finden die Wirkung kleiner Alkoholmengen auf das Nervensystem angenehm. Man fühlt sich leichter, hat weniger Hemmungen und ist oft etwas fröhlicher. Allerdings setzt der Stoff auch die Reaktions- und Sehfähigkeit herab, deshalb ist es gefährlich und streng verboten, mit Alkohol im Blut Auto oder Fahrrad zu fahren. Meist spürt man es am nächsten Morgen besonders unangenehm, wenn man abends zuvor zu viel getrunken hat – die dann einsetzenden Kopfschmerzen und Übelkeitserscheinungen nennt man „einen Kater haben".

„Lachen ist gesund". Jeder von uns sollte möglichst oft lachen. Denn damit tut er seinem Körper Gutes. Lachen entspannt die Muskeln, steigert Herzschlag und Atmung und setzt im Gehirn Stoffe frei, die angenehme Gefühle erzeugen. Manche Probleme sehen danach vielleicht kleiner aus, und manche Sorge kann verfliegen.

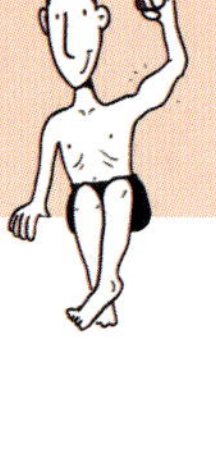

Für die meisten Leute ist es normal, gelegentlich ein Glas Wein oder Bier zu trinken. Es gibt allerdings sehr viele Menschen, die vom Alkohol abhängig sind. Das führt zu zitternden Händen, Übelkeit, Schmerzen in Armen und Beinen und schweren Schäden an Leber, Magen und Gehirn. Derzeit sind allein in Deutschland rund 2,5 Millionen Menschen alkoholabhängig, und jährlich sterben 42 000 an den Folgen dieser Abhängigkeit. Deshalb gilt Alkohol als eine der gefährlichsten Drogen, zumal er so leicht zu bekommen ist.

Wie zerstören Drogen den Körper?

Drogen sind Stoffe, die das Gehirn beeinflussen, aufputschen oder Ängste unterdrücken. Die angenehme Wirkung von Drogen hält allerdings nur kurze Zeit an und macht meist sogar besonders negativen Stimmungen Platz; zumal die Droge Alltagsprobleme vielleicht vorübergehend vergessen lässt, aber nicht beseitigt.

Die bekanntesten Drogen sind, neben den beiden erlaubten Drogen Tabak und Alkohol, Haschisch (Marihuana), Kokain, Heroin, LSD und „Designerdrogen". Das Tückische an vielen dieser Drogen ist, dass sie süchtig machen. Das bedeutet nicht, dass man sich nur an ihre Wirkung gewöhnt, sondern dass man körperlich von ihnen abhängig wird – bei Heroin schon

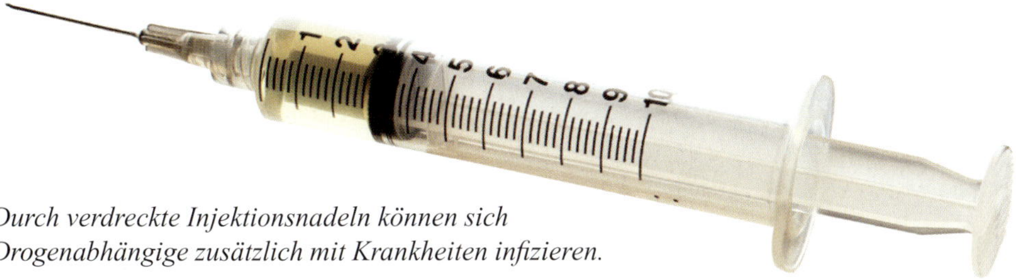

Durch verdreckte Injektionsnadeln können sich Drogenabhängige zusätzlich mit Krankheiten infizieren.

nach einem einzigen Versuch. Bekommt der Körper nicht nach wenigen Stunden eine erneute Zufuhr der Droge, treten „Entzugserscheinungen“ auf: heftige Übelkeit, Zittern und Schmerzen.

Wer unter Drogeneinfluss steht, kann nicht arbeiten und hat bald kein Geld mehr. Die Gedanken des Süchtigen kreisen nur noch darum, wie er weiteren Stoff bekommen kann. Essen, Trinken und Körperbedürfnisse werden vernachlässigt und es folgt eine Zerstörung des Körpers durch die Drogen.

Welche Krankheiten übertragen Zecken?

Zecken sitzen im Gebüsch und hohem Gras. Riechen sie einen Körper unter sich, lassen sie sich fallen und suchen eine geeignete Stelle zum Blutsaugen. Dabei können die Zecken gefährliche Krankheitserreger übertragen. Am schlimmsten ist das FSME-Virus, das zuerst nur Fieber, Abgeschlagenheit und Kopfschmerzen verursacht. Es befällt schließlich auch das Gehirn und führt zu schwerer Gehirnhautentzündung. In manchen Gebieten Mitteleuropas sind 1 bis 2 Prozent der Zecken damit verseucht. Noch häufiger mit bis zu 30 Prozent ist der Erreger der Lyme-Borreliose. Er verursacht meist zuerst eine sich ringförmig ausbreitende Rötung um die Einstichstelle, später kann er unter anderem Muskellähmungen und Gelenkbeschwerden verursachen.

Sitzt eine Zecke in der Haut, zieht man sie am besten mit einer Pinzette heraus, ohne den Körper zu zerquetschen. Das kann Erreger in die Wunde drücken.

Der kranke Körper

Den Wert der Gesundheit weiß man meist erst zu schätzen, wenn man krank ist. Doch unser Körper besitzt erstaunliche Selbstheilungskräfte. Es ist gar nicht schwierig, ihn beim Heilungsprozess zu unterstützen.

Warum werden wir krank?

Ständig ersetzt unser Körper verbrauchte Zellen gegen neu gebildete, spürt Fremdstoffe und eingedrungene Mikrolebewesen auf und vernichtet sie. Manchmal aber erfordert diese Reparaturarbeit viel Kraft und der Körper stellt sich auf eine besondere Gefahrenabwehr ein. Das geschieht, wenn so große Mengen eines Krankheitserregers eindringen, dass das Immunsystem damit nicht fertig wird. Dann verlieren wir den Appetit, damit die Verdauung ruht. Wir fühlen uns müde und schlapp, damit wir uns hinlegen und wenig Energie verbrauchen. Die Körpertemperatur steigt, weil Fieber die Abwehr der Krankheitserreger unterstützt. Kurz: Wir sind krank.

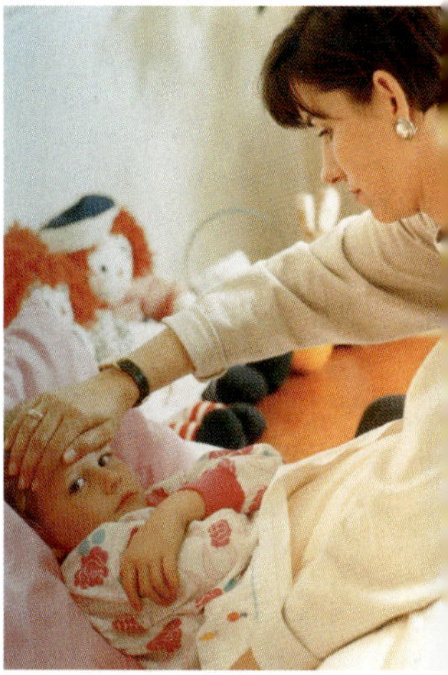

Fieber hilft dem Körper bei der Abwehr von Erregern.

Dank der modernen Medizin können wir heute den Körper unterstützen, etwa durch Bakterien tötende Medikamente (Antibiotika) oder durch Impfungen. Auch die allgemeine Sauberkeit und unser guter Ernährungszustand trägt dazu bei, dass wir viele früher tödliche Krankheiten heute nicht mehr fürchten müssen. In der Regel siegt daher der Körper nach Tagen oder auch Wochen über die Gefahren. Wunden haben sich geschlossen, Knochen heilen wieder, das Fieber ist verschwunden, und Appetit und Energie sind wieder da.

Es gibt Gefahren, gegen die der Körper kaum Abwehrmöglichkeiten besitzt. Bei der Krankheit Krebs vermehrt sich plötzlich eine einzelne Körperzelle unmäßig und bildet Geschwüre. Schließlich können sich diese Geschwüre überall im Körper ausbreiten, sich weiter vermehren und den Körper zerstören.

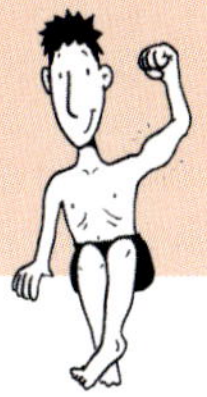

Worin unterscheiden sich Bakterien und Viren?

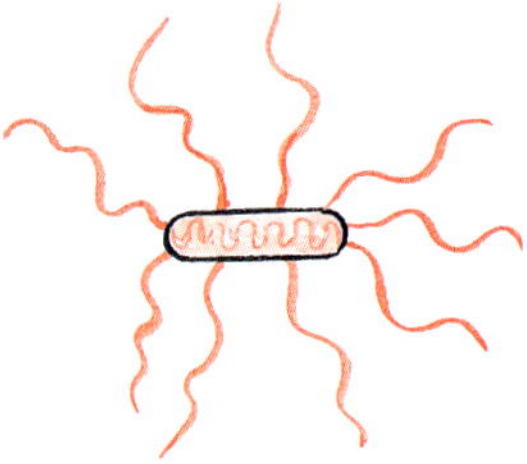

Typhus-Bakterium

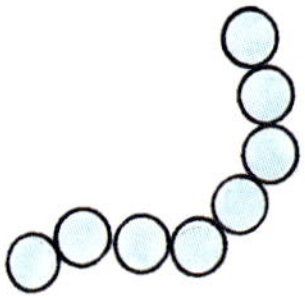

Bakterium mit Kettenform

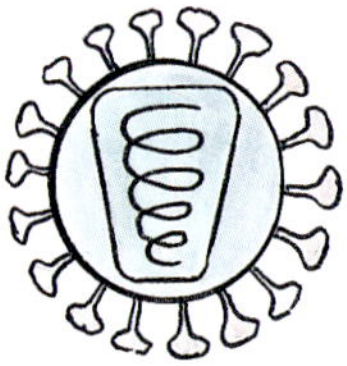

Aids-Virus

Virus der Kinderlähmung

Zwar sind Bakterien so klein, dass man sie nur mit guten Mikroskopen sehen kann – aber Viren sind noch mehr als 100-mal kleiner. Bakterien sind zudem selbstständige Lebewesen. Es gibt viele unterschiedliche Arten, die sich durch Lebensweise, Nahrungsvorlieben und Form unterscheiden. Zu den durch Bakterien ausgelösten Krankheiten gehören Lungenentzündung, Tuberkulose, Keuchhusten, Diphtherie, Scharlach, Cholera, Typhus, Wundstarrkrampf, Pest und Blutvergiftung. Manche Bakterien leben in verdorbenen Lebensmitteln und können durch ihre dort produzierten Giftstoffe Lebensmittelvergiftungen verursachen. Doch die für uns nützlichen Darmbakterien spüren wir gar nicht. Sie leben in der unvorstellbaren Menge von rund 100 Billionen Exemplaren im Darm und helfen bei der Verdauung.

Viren dagegen sind eigentlich keine Lebewesen, sondern nur Teile von Erbgut in einer Eiweißhülle. Sie können sich an Körperzellen festsetzen und ihr Erbgut in die Zelle einspritzen. Dort stellt das Erbgut den gesamten Zellstoffwechsel auf die Produktion weiterer Viren um. Nach einiger Zeit platzt die Zelle, die neuen Viren schwärmen aus und befallen weitere Zellen. Zu den Viruserkrankungen zählen Grippe, Tollwut, Masern, Aids, Pocken, Kinderlähmung, Gelbfieber und Leberentzündung (Hepatitis).

Wieso spüren wir Schmerzen?

So unangenehm ein pochender Zahn, Stechen im Bauch oder Kopfweh auch sind – der Schmerz ist ein Frühwarnsystem des Körpers. Würden wir ein

Loch im Zahn nicht spüren, könnten sich die eingedrungenen Bakterien ungestört vermehren und schließlich den ganzen Körper vergiften.

Im Körper sind zahllose Schmerzfühler verteilt. Manche leiten den Schmerz ans Rückenmark, um so möglichst schnell eine Gegenreaktion zu ermöglichen. Erst einen Moment später wird die Meldung auch ans Gehirn gegeben, so dass wir uns des Schmerzes bewusst werden. Wir erkennen dann sofort seinen Ursprung und empfinden den Schmerz meist als stechend, brennend oder schneidend.

Eine zweite Art Fühler meldet Schmerzen langsamer weiter, dafür aber auf längere Zeit. Solchen Schmerz nehmen wir als dumpfen Dauerschmerz wahr – etwa in den Stunden nach einem Messerschnitt, wenn die Blutung gestillt ist und die Wunde langsam heilt. Der Schmerz zeigt, dass keine dringende Körperreaktion nötig ist, der Schaden aber auch noch nicht repariert ist.

Wie entsteht Fieber?

Fieber ist keine Krankheit, sondern eine Reaktion des Körpers. Durch Erhöhung der Temperatur unterstützt er die Körperabwehr gegen Krankheitserreger. Die normale Körpertemperatur beträgt etwa 36 bis 37 Grad Celsius. Von mäßigem Fieber spricht man bei Temperaturen bis etwa 38,5 Grad Celsius, darüber von hohem Fieber. Meist ist es von Schwäche, Appetitlosigkeit, Schmerzen, Schwitzen, Schüttelfrost und flachem schnellem Atmen begleitet.

Fieber kann zahlreiche Ursachen haben. Daher sollte man bei hohem oder längere Zeit andauerndem Fieber unbedingt einen Arzt rufen. Der Arzt wird dann die eigentliche Ursache feststellen und sie vielleicht mit Medikamenten bekämpfen. Das Fieber selbst sollte man nicht zu früh mit Fieber

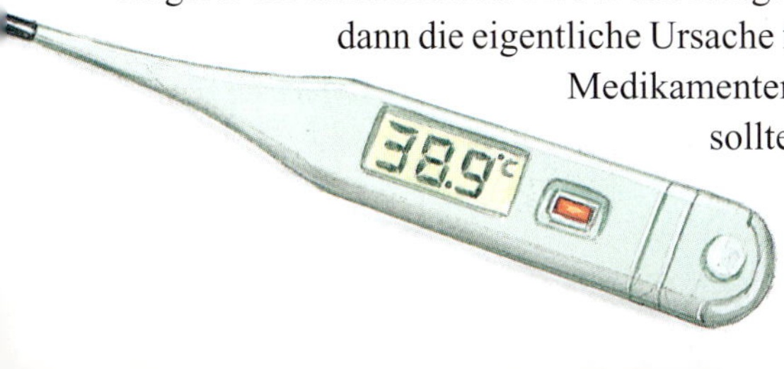

senkenden Medikamenten oder nasskalten Wadenwickeln herabsetzen. Das ist nur nötig, wenn es über 40 Grad ansteigt oder wenn Muskelkrämpfe auftreten. Wichtig ist, sich zu schonen, also ruhig im Bett liegen zu bleiben, und viel Wasser oder Fruchtsäfte zu trinken, weil der Körper durch das Schwitzen Wasser verliert.

Was ist Aids?

Aids ist eine gefährliche Viruskrankheit, bei der die Erreger, die HI-Viren, nur bestimmte Abwehrzellen des Immunsystems angreifen und den Körper dadurch schwächen. Der Aids-Erreger breitet sich vor allem über Bluttröpfchen aus. Die meisten Erkrankten haben sich durch intime Kontakte mit anderen Aids-Kranken angesteckt; Drogenabhängige vielfach auch durch gemeinsame Verwendung von Injektionsnadeln.

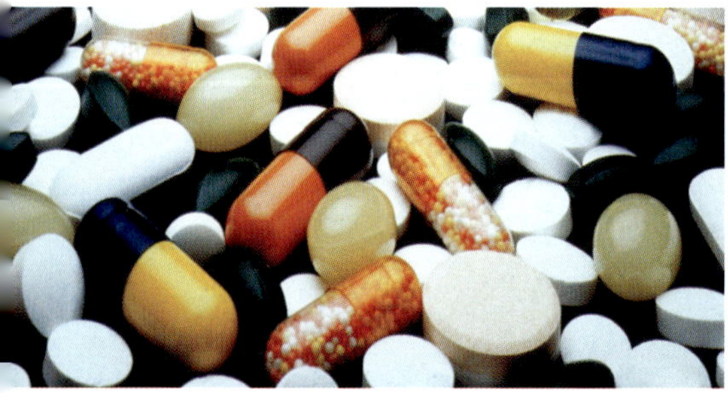

Heilmittel gegen Aids gibt es bisher nicht, aber Medikamente, die die Virusvermehrung hemmen und dadurch die Lebensdauer des Erkrankten deutlich verlängern.

HIV-Infizierte merken zunächst oft gar nicht, dass sie sich angesteckt haben. Sie können zwar Fieber, Kopfschmerzen, Schwäche, Durchfall und ähnliche Krankheitszeichen an sich bemerken, aber die könnten auch von einer Grippe stammen und gehen meist wieder vorbei. Erst nach vielen Monaten oder Jahren bricht die Krankheit aus, bei der es kein einheitliches Krankheitsbild gibt.

In manchen Gebieten Afrikas und Asiens ist ein Großteil von Männern, Frauen und Kindern bereits mit Aids angesteckt. In Mitteleuropa steigt die Zahl der neu Erkrankten dagegen kaum noch. Dennoch ist Vorsicht geboten, Panik aber unnötig: Aids wird weder durch Berühren eines Aids-Kranken, noch über normal benutzte Gegenstände wie Telefone, Toiletten und Schwimmbäder übertragen, und zum Glück auch nicht durch Blut saugende Insekten.

Was ist der Heuschnupfen?

Das Abwehrsystem des Körpers gegen Fremdstoffe und Krankheitserreger enthält Zellen, die ständig auf der Suche nach Eindringlingen durch den Körper wandern. Manchmal halten diese Zellen fremde Eiweißstoffe für Eindringlinge, obwohl sie eigentlich ungefährlich sind, und leiten Abwehrmaßnahmen ein. Man nennt solche Überempfindlichkeitsreaktionen „Allergien“. Auslöser kann zum Beispiel Blütenstaub von Pflanzen sein; eine solche Pollenallergie ist der Heuschnupfen. Der Körper reagiert auf die Pollen mit tränenden und geröteten Augen, Niesen, laufender Nase, Hautrötung und Atembeschwerden.

Andere Auslöser von Allergien sind Tierhaare, bestimmte Stoffe in Nahrung, Parfüms oder Kleidung. Manchmal ist es gar nicht einfach herauszufinden, welcher Stoff für die Allergie verantwortlich ist. Verbreitet ist die Hausstaub-Allergie, die aber eigentlich gar nicht vom Staub selbst hervorgerufen wird, sondern von den Körperausscheidungen der winzigen Milben, die im Staub leben.

Meist lässt sich eine Allergie durch Medikamente mildern oder indem man den Kontakt mit Allergie auslösenden Stoffen meidet. Man kann auch in einer langwierigen Behandlung, einer „Desensibilisierung“, die Empfindlichkeit des Körpers für den Allergieauslöser herabsetzen.

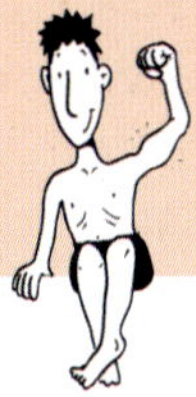

Manche Überempfindlichkeitsreaktionen sind lebensgefährlich. Es gibt zum Beispiel Menschen, die auf den Stich einer Biene oder Wespe binnen Minuten mit dem Zusammenbruch des Kreislaufs reagieren – sie brauchen in solchen Fällen sofort eine Leben rettende Spritze mit einem Gegenmittel und ärztliche Hilfe.

Warum müssen wir husten?

Husten ist eine automatisch ablaufende Reaktion, um Fremdkörper aus den Atemwegen zu entfernen, und zwar aus deren tieferen Regionen Kehlkopf, Luftröhre oder Bronchien. Der Körper erzeugt durch ruckartiges Zusammenziehen des Zwerchfells einen kräftigen Luftschwall, um damit die Störung zu entfernen. Die Luft erreicht dabei Düsenjägertempo von über 800 Kilometern pro Stunde!

Ein Hustenreiz ist nicht zu unterdrücken.

Husten kann bei ganz verschiedenartigen Krankheiten auftreten. Dazu gehören vor allem Erkältungen, bei denen sich zäher Schleim in den Atemwegen sammelt und ausgehustet wird. Bei Husten durch Erkältung sollte man viel trinken und dafür sorgen, dass die Zimmerluft nicht zu trocken ist. Oft hilft es auch, heißen Kamillendampf mit Husten und Schleim lösenden Stoffen einzuatmen. Hält der Husten längere Zeit an, muss man auf jeden Fall zum Arzt gehen. Er wird vor allem die Ursache des Hustens herausfinden und bekämpfen. Zur Linderung kann er Husten stillende Medikamente geben, die wenigstens ungestörte Nachtruhe ermöglichen.

Wie heilt eine Wunde?

Eine Wunde blutet, weil zahlreiche feine Blutadern verletzt wurden. Das Blut, das zunächst herausfließt, spült Fremdstoffe hinaus. Danach setzt schnell die Blutgerinnung ein, damit der Körper nicht zu viel Blut verliert. Der Eiweißstoff Fibrin im Blut bildet ein fädiges Netz über der Wunde, in dem Blutkörperchen und feine flache Zellen im Blut, die Blutplättchen, hängen bleiben. Sie bilden einen ersten Schutz der Verletzung. Nach kurzer Zeit schrumpft dieses Netz und zieht damit die umgebende Haut über der Wunde zusammen; meist tritt dabei etwas farbloses Blutwasser aus.

Darunter beginnen nun weiße Blutkörperchen, eingedrungene Fremdstoffe sowie Reste der beschädigten Zellen zu beseitigen. Im Laufe einiger Stunden bilden sich von unten her neue Hautzellen und schließen die Wunde. Außerdem wachsen feinste Blutgefäße in diese Stelle hinein, um die neuen Zellen zu versorgen. Das rötliche Netz darüber vertrocknet gleichzeitig zu Schorf und fällt schließlich ab.

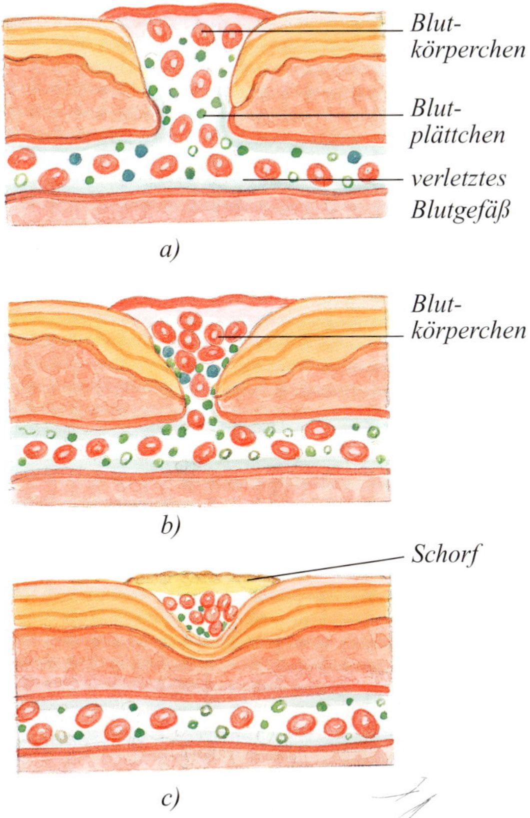

a) Blutplättchen versiegeln die Wunde.
b) Das Fibrinnetz zieht die Wunde zusammen.
c) Auf der Wunde bildet sich Schorf und im Gewebe entwickeln sich neue Zellen.

Eiter ist eine gelbliche, halbfeste Masse aus abgetöteten Bakterien, dabei zu Grunde gegangenen Blutzellen sowie eingedrungenen Schmutzteilchen und Resten der Hautzellen. Er entsteht, wenn große Mengen Schmutz und Bakterien in eine Wunde geraten. Meist wandert der Eiter an die Hautoberfläche und fließt durch die Wunde ab.

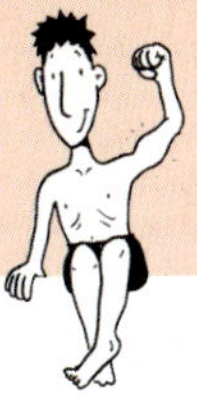

Was ist der Muskelkater?

Muskelkater ist nicht etwa eine männliche Superkatze. Es ist die Bezeichnung für die Schmerzen, die man einige Stunden nach ungewohnter Anstrengung oder übermäßiger Belastung in den Muskeln spürt. Ursache sind feinste Muskelfaserrisse, die leichte Entzündungen im Muskel bewirken, aber vom Körper nach kurzer Zeit repariert werden. Auf Dauer hilft dagegen nur Training und Stärkung der Muskeln. Vorübergehend kann man auch ein warmes Bad nehmen und die Muskeln leicht bewegen. Nach ein bis zwei Tagen gehen die Schmerzen von selbst vorüber.

Macht zu viel Zucker zuckerkrank?

Nein, keine Angst – zumindest nicht sofort. Allerdings kann Übergewicht bei älteren Menschen zu Zuckerkrankheit, also einer Störung des Stoffwechsels, führen. Die Körperzellen können dann nicht genügend Zucker aus dem Blut aufnehmen. Ihnen fehlt dieser Nährstoff, und im Blut kreist zu viel Zucker. So viel, dass schließlich sogar der Urin süß schmeckt. Daher kommt der wissenschaftliche Name „*Diabetes mellitus*“, das heißt „honigsüßer Durchfluss“.

Diabetes verursacht keine Schmerzen, kann aber unbehandelt zu schweren Augen- und Nierenschäden, Herzinfarkt, Nervenschäden und Durchblutungsstörungen an Armen und Beinen führen.

Es gibt zwei Typen von Diabetes: Typ-I-Diabetes bekommen auch Kinder und Jugendliche. Dieser Typ wird nicht durch falsche Ernährung ausgelöst. Vielmehr greift der Körper irrtümlich Zellen in der Bauchspeicheldrüse an, die das Blutzucker regulierende Hormon Insulin produzieren, und zerstört sie. Typ-II-Diabetes befällt vor allem ältere Menschen, aber auch zunehmend übergewichtige Jugendliche. Hier sind die Insulin produzierenden Zellen intakt. Dafür aber funktionieren die Stellen, an denen das Insulin seine Wirkung entfalten soll, nicht ordentlich. Ursache dieses Typs ist vor allem Übergewicht.

Diabetes ist nicht ansteckend, und man kann es behandeln. Bei Typ I kann man Insulin spritzen und seine Ernährung recht genau darauf einstellen. Deshalb muss man nicht auf Süßigkeiten verzichten. Es gibt eine Vielzahl von süßen Produkten für Diabetiker, die mit süßen, aber unverdaulichen Zuckerersatzstoffen hergestellt werden. Bei Typ II ist zunächst abnehmen wichtig, oft verschwindet der Diabetes dann von selbst.

Wie entstehen blaue Flecken?

Unsere Haut ist ziemlich zäh. Schlägt man sie kräftig, reißt sie nicht unbedingt auf. Unter der Haut können zum Teil aber feinste Blutgefäße aufplatzen. Dann tritt Blut ins Gewebe und es entsteht ein rötlich blauer Fleck, ein Bluterguss. Geschieht das rund um das Auge, nennt man das ein „blaues Auge“ oder „Veilchen“. Ist nur sehr wenig Blut ausgetreten, ist der Erguss rötlich, bei viel Blut dagegen blauschwarz. Meist sprechen auch die Schmerzfühler in der Haut an und senden Schmerzsignale ans Gehirn. Das ausgetretene Blut wird im Laufe einiger Tage von Abwehrzellen des Körpers abgebaut. Dabei ändert sich die Farbe meist über grünlich und gelblich wieder in die normale Hautfarbe.

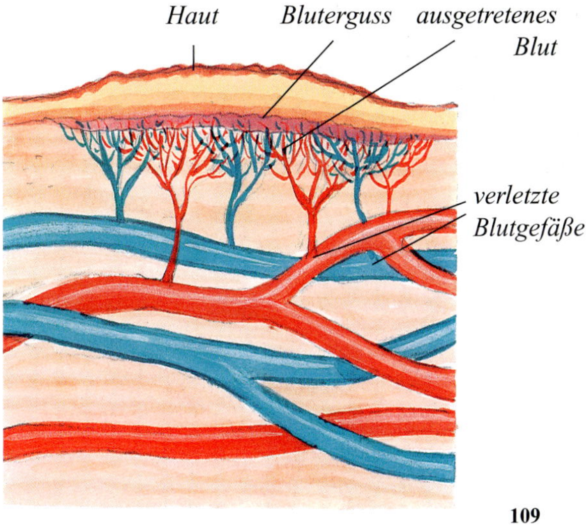

Bei einem blauen Fleck tritt Blut ins Gewebe.

Warum läuft bei Schnupfen die Nase?

Durch Schnupfen versucht der Körper, Viren aus dem Körper zu schwemmen.

Schnupfen ist eine Viruserkrankung. Die winzigen Erreger befallen die Schleimhautzellen in der Nase und stellen den Stoffwechsel so um, dass weitere Viren produziert werden. Die Zellen gehen dabei zu Grunde, und das alarmiert die Körperabwehr. Sie sorgt dafür, dass sich die Blutadern in diesem Bereich erweitern, damit möglichst schnell Abwehrzellen herankommen können. Diese Abwehrzellen transportieren Reste der zerstörten Zellen ab und versuchen, befallene Zellen zu bekämpfen, um die Virusvermehrung zu stoppen. Wir empfinden dieses Geschehen als Entzündung des Gewebes. Bestimmte Zellen der Schleimhaut produzieren nun große Mengen Schleim, um Viren und Zellreste zu entfernen – die Nase läuft. Da der Schleim noch aktive Viren enthält, sollte man beim Niesen stets ein Taschentuch benutzen oder die Hand vorhalten.

Zur Linderung des Schnupfens sind warme Bäder hilfreich, Einatmen heißen Wasserdampfs und Schwitzen im Bett. Die Temperaturerhöhung des Körpers hemmt die Viren und hilft der Abwehr. Man sollte schnell mit der Behandlung beginnen. Manche Bakterien nutzen es nämlich aus, dass die Krankheitsabwehr des Körpers mit den Viren beschäftigt ist, siedeln sich zum Beispiel im Rachenraum, im Hals oder im Ohr an und führen hier zu Rötungen und Entzündungen.

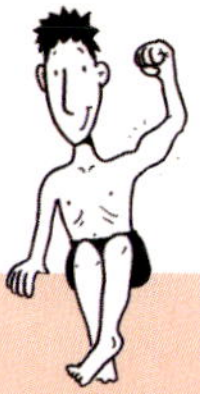

Schnupfen kann ausbrechen, wenn man sich „erkältet“, also der Körper zeitweise zu viel Wärme verloren hat. Die eigentliche Ursache aber sind die Schnupfenviren. Polarforscher zum Beispiel bekamen in der praktisch virenfreien Umgebung der Polargebiete keinen Schnupfen, auch dann nicht, wenn sie nach unfreiwilligen Bädern in Eiswasser starke Wärmeverluste ertragen mussten.

Wie entstehen Pickel?

Ausgerechnet wenn man für eine tolle Party oder ein Treffen mit Freund oder Freundin besonders gut aussehen möchte, tauchen im Gesicht Pickel auf. „Akne“ nennt man diese Krankheit. Sie befällt vor allem Menschen im Alter zwischen 12 und 20.

Pickel sind keineswegs ein Zeichen mangelnder Reinlichkeit. Vielmehr liegt die Ursache im Körperinnern. Beim Übergang vom Kind zum Erwachsenen laufen im Körper zahlreiche Reifungsvorgänge ab, gesteuert durch Hormone. Diese Botenstoffe wirken auf Geschlechtsorgane, Körperbau und Stimmlage. Eines dieser Hormone, das Testosteron, regt außerdem die Talgdrüsen der Haut zu vermehrter Arbeit an. Wenn der gebildete Talg nicht gut abfließt, weil Hautzellen den Ausgang verschließen, staut es sich in der Drüse. Der Talgbeutel schwillt an, bis er seinen Inhalt schließlich doch hinausdrückt. Dabei laufen bestimmte chemische Prozesse ab, die die schwarze Farbe erzeugen. Der Talgbeutel kann sich auch entzünden; das führt dann zu roten Akne-Pickeln. Spätestens jetzt sollte man einen Hautarzt aufsuchen, der die richtigen Maßnahmen empfiehlt, denn sonst hinterlassen die Pickel unschöne Narben. Und keine Sorge: Nach einiger Zeit verschwindet die Akne wieder, wenn sich nämlich der Hormonhaushalt eingependelt hat.

Warum muss man Knochenbrüche schienen?

Der Körper heilt zwar gebrochene Knochen, aber die Bruchstücke können falsch zusammenwachsen. Sie müssen daher in die richtige Lage gebracht werden und darin festgehalten, also „geschient“ werden. Der Arzt röntgt den gebrochenen Knochen, fügt die Bruchstellen möglichst genau wieder zusammen und umhüllt sie mit Gipsmasse, die erstarrt und den Bruch schützt. Bei sehr komplizierten Brüchen werden Metallteile wie Schrauben oder Knochennägel eingesetzt, um die Trümmerteile in der richtigen Stellung festzuhalten.

Einen Bruch sollte man möglichst schnell schienen, denn der Körper beginnt bald mit dem Heilungsprozess. Zuerst bildet sich im Bruch ein Pfropfen geronnenen Blutes. Es wird nach und nach abgebaut und ersetzt durch eine zuerst weiche, dann knorpelige Eiweißmasse, den „Kallus“. Sie besteht aus ähnlichem zähen Material wie Sehnen, Knorpel und Haut. Allmählich baut sich im Kallus wieder die Knochenstruktur mit Hohlräumen und Blutadern auf. Hartes Kalkmaterial wird eingelagert, der Bruch härtet langsam aus und bekommt seine alte Festigkeit. Bei Kindern, deren Knochen noch wachsen, dauert dieser Prozess mehrere Wochen, bei Erwachsenen kann ein gleicher Bruch Monate zur Heilung brauchen.

Heilung eines Knochenbruchs

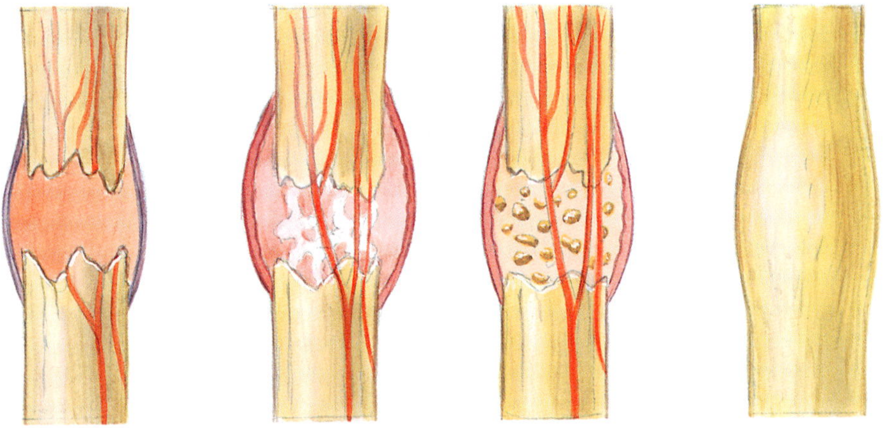

In der Bruchstelle sammelt sich Blut.

Der Kallus bildet sich als Stützgewebe.

Kalk lagert sich ein und härtet aus.

Schließlich ist der Knochenbruch verheilt.

Wodurch entsteht Durchfall?

Durchfall ist eine natürliche Schutzmaßnahme des Körpers, um unverträgliche Stoffe schnell loszuwerden. Meist entsteht er durch eine Darminfektion, mitunter auch durch Lebensmittel, die man nicht verträgt oder die verdorben waren. Das führt dazu, dass die Zellen der Dickdarmwand kaum noch Wasser aufnehmen. Daher rutscht der verdaute Nahrungsbrei schnell durch und verlässt manchmal geradezu fluchtartig den Darm.

Es gibt aber auch zahlreiche Krankheiten, die nebenher Durchfall verursachen, etwa Typhus, Ruhr, Cholera. Hierzulande stammt Durchfall aber meist von einer relativ harmlosen Darmgrippe, eventuell auch von bakterieller Verunreinigung von Lebensmitteln. An warmen Tagen können sich zum Beispiel Salmonellen und andere Keime in Eierspeisen, Eis oder Salatsoßen vermehren und Gifte ausscheiden, die dann den Darm unangenehm reizen.

Meist geht der Durchfall mit Bauchkrämpfen, Geräuschen im Bauch, Erbrechen und leichtem Fieber einher. Wenn er nicht nach einigen Stunden abklingt oder wenn das Fieber steigt, sollte man einen Arzt hinzuziehen. Da der Körper bei Durchfall sehr viel Wasser und Mineralsalze verliert, ist es wichtig, viel Saft mit Zucker und etwas Salz zu trinken, aber nur wenig zu essen.

„Montezumas Rache“ nennt man Durchfall, den man auf Reisen in warmen Ländern bekommt. Er wird von Darmbakterien erzeugt, die man dort mit der Nahrung aufnimmt und die für unseren Verdauungstrakt „fremd“ sind. Die fremden Darmbakterien können unsere eigenen verdrängen und zu Durchfall führen. Meist geht er nach ein bis zwei Tagen vorbei, wenn sich die Darmbakterien aneinander gewöhnt haben.

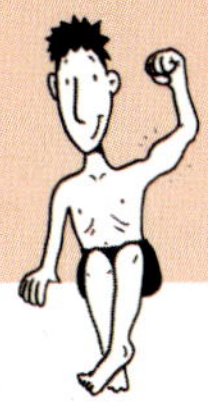

Warum ist elektrischer Strom so gefährlich?

Beim Umgang mit Strom sollte man vorsichtig sein.

Im Körper fließen winzige elektrische Ströme durch die Nerven an die Muskeln und das Herz und lösen wichtige Vorgänge aus. Berührt man eine Strom führende Leitung, fließt plötzlich sehr starker Strom durch den Körper. Dieser zusätzliche Strom verstärkt die Reaktionen. Die Muskeln sehen den Strom als Befehl zum Anspannen, verkrampfen sich und werden sofort starr. Das ist besonders gefährlich, weil man dadurch die Stromquelle nicht einfach loslassen kann. Das Herz und die fürs Atmen nötigen Brustmuskeln kommen aus ihrem Takt. Außerdem verändert sich das Blut chemisch. Dabei entstehen giftige Stoffe, die die Nieren schädigen oder zerstören. Bei sehr hohen Stromstärken kommt es sogar zu starken Verbrennungen, weil der fließende Strom den Körper aufheizt, ähnlich wie eine Heizschlange im Kochherd.

Wie viel Strom durch den Körper fließt, hängt von mehreren Dingen ab. Zum Beispiel von der elektrischen Spannung, die man in „Volt“ angibt. Strom mit 12 Volt aus einer Batterie ist ungefährlich, die Steckdose mit 230 Volt dagegen kann einen tödlichen Stromschlag versetzen. Außerdem kann Strom feuchte Haut besser durchdringen als trockene. Deshalb geschehen so viele Elektro-Unfälle im Bad oder in der Küche, wo häufig mit Wasser gearbeitet wird.

Wenn jemand einen Stromschlag erlitten hat und noch mit dem Stromnetz verbunden ist, darf man ihn nicht berühren. Erst sollte man den Strom abschalten oder den Verunglückten mithilfe von Gegenständen wegziehen, die den Strom nicht leiten – etwa Kunststoff oder trockenes Holz. Der Verunglückte sollte hingelegt und eventuell warm zugedeckt werden. Danach bitte sofort den Rettungsdienst rufen!

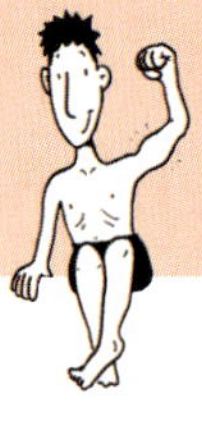

Warum sterben Menschen?

Die Bürger der Industrienationen sterben heute im Alter zwischen 60 und 90 Jahren; in anderen Teilen der Erde und früher auch bei uns kommt der Tod in viel jüngeren Jahren. Die Lebensverlängerung ist Folge der guten Ernährung, der Sauberkeit und des medizinischen Fortschritts, der viele einst tödliche Krankheiten besiegt hat.

Wenn der Tod nicht vorzeitig durch Unfall oder Krankheit eintritt, ist meist das Versagen eines oder mehrerer lebenswichtiger Organe die Ursache. Meist bleibt dann das Herz stehen, die Atmung erlischt, und spätestens nach einigen Minuten stellt dann auch das Gehirn aus Sauerstoffmangel seine Tätigkeit ein. Der Sterbende ist oft schon zuvor bewusstlos. Bei einem sonst gesunden Menschen kann man in den ersten Minuten nach dem Herzstillstand mit medizinischen Methoden das Herz nochmal zum Schlagen anregen. Aber wenn jemand mehr als etwa 5 bis 10 Minuten lang keinen Herzschlag und damit keinen Blutkreislauf hat, ist er nicht mehr wiederzubeleben. Dann laufen im Körper sofort eine Reihe von chemischen Reaktionen ab, die ihn auf Dauer schädigen.

	Durschnittliche Lebenserwartung in Jahren	
Jahr	Männer	Frauen
1755 / 1763	34,71	36,24
1871 / 1881	35,58	38,45
1901 / 1910	44,82	48,33
1949 / 1951	64,56	68,48
1997 / 1999	74,78	80,72

Beim Arzt

Kranke Menschen gehen zum Arzt, um sich helfen zu lassen. Nach einer ausführlichen Untersuchung empfiehlt der Arzt eine bestimmte Behandlung, damit es dem Patienten bald besser geht. Aber auch gesunde Menschen sollten sich von Zeit zu Zeit vorsorglich untersuchen lassen.

Woher weiß der Arzt, welche Krankheit jemand hat?

Zuerst fragt der Arzt, welche Beschwerden der Patient hat, der zu ihm gekommen ist. Dann wird er ihn untersuchen: Blutdruck, Körpertemperatur und Puls messen, Atemgeräusche und Herzschlag mit dem Stethoskop abhören, Länge und Gewicht messen und schließlich Haut, Muskeln, Gelenke, Drüsen und andere von außen fühlbare Körperteile in Augenschein nehmen. Vermutet er eine Krankheit an einem inneren Organ, wird er eine Blutprobe nehmen sowie um etwas Urin bitten und im Labor untersuchen lassen. Zahlreiche Krankheiten bewirken nämlich Veränderungen von Menge oder Art bestimmter Inhaltsstoffe in Blut und Ausscheidungen.

Normalerweise kann der Arzt aus den so ermittelten „Symptomen“, den Krankheitszeichen, schon die Art der Krankheit gut eingrenzen. Je nach dem Ergebnis der „Diagnose“, der Krankheitserkennung, wird er entweder eine Behandlung vorschlagen – bestimmte Medikamente verschreiben oder Bettruhe empfehlen – oder weitere Untersuchungen vornehmen. Bei schwierigeren Fällen überweist er seinen Patienten zu einem Facharzt, der auf bestimmte Körperteile spezialisiert ist und besondere Untersuchungsgeräte hat. Braucht der Patient sofortige intensive Hilfe, lässt der Arzt den Patienten in ein Krankenhaus bringen.

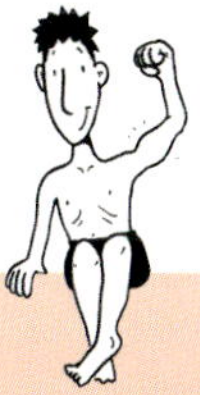

„Aaah“ müssen wir beim Arzt machen, damit er tief in den Rachen schauen kann. Denn dabei machen wir den Mund weit auf, und der Arzt kann Zunge, Zungengrund, Zäpfchen, Rachenwand und den Kehlkopf erkennen – meist durch Wegdrücken der Zunge mit einem Holzspatel. Durch Rötungen der Haut oder helle Belege auf der Zunge zeigen sich zum Beispiel Infektionen der Atemwege an.

Warum horcht der Arzt auf den Herzschlag?

Das Herz ist eines unserer wichtigsten Organe. Es kommt also darauf an, dass der Herzmuskel, die ventilartigen Herzklappen und die anderen Teile einwandfrei funktionieren. Ähnlich wie der Fachmann Schäden an einem Automotor schon an dessen Geräusch frühzeitig erkennt, kann auch der Arzt an den Geräuschen des Herzschlags erkennen, ob alles richtig arbeitet. Herzklappenfehler, Herzrhythmusstörungen, beginnende Unterversorgung des Herzmuskels (Herzinfarkt) und viele andere Störungen sind so schnell mit dem Stethoskop durch Abhören erkennbar.

Noch genauer ist ein Elektrokardiogramm oder auch EKG. Dabei werden die schwachen elektrischen Ströme, die mit der Arbeit des Herzmuskels verbunden sind, mit Drähten auf der Haut abgeleitet, verstärkt und einem Computer zugeführt. Aus der Form der Herzschlag-Kurve auf dem Bildschirm lässt sich genau erkennen, wo im Herzen eine Störung vorliegt.

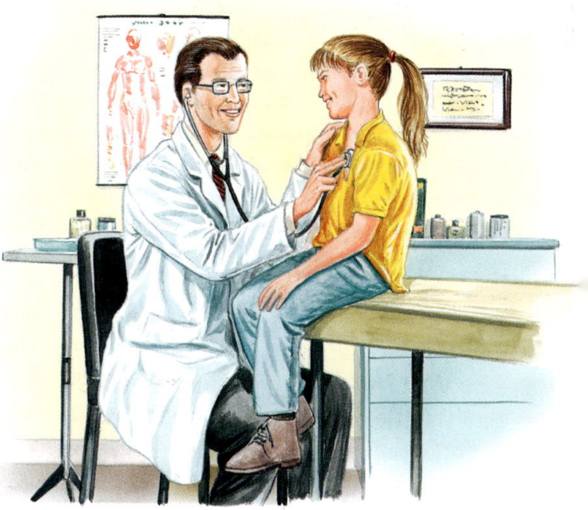

Wie kann man Schmerzen betäuben?

So wichtig der Schmerz als Alarmsignal ist – in vielen Fällen möchte man doch gerne darauf verzichten. Die Arzneimittelindustrie liefert zahlreiche Stoffe, die Schmerzen betäuben können. Manche davon, die nur leichte Wirkung gegen Kopfschmerzen oder Zahnweh haben, kann man in der Apotheke kaufen. Sehr viel stärkere Mittel sind nur Ärzten zugänglich. Manche dienen der „örtlichen Betäubung". Sie schalten vorübergehend die Schmerzfühler in einem bestimmten kleinen Bereich aus, zum Beispiel wenn ein Muttermal entfernt werden soll. Andere Schmerzmittel werden per Injektionsnadel direkt an den Nerv gespritzt und blockieren für eine gewisse Zeit die Weiterleitung der Schmerzreize. Solche Mittel nutzt der Zahnarzt beim Zähneziehen.

Dauert ein Eingriff länger, zum Beispiel vor schweren Operationen, wird der Patient in Narkose versetzt. Dazu wird ihm im Operationssaal eine Maske aufgesetzt, durch die er mit Luft und betäubenden Gasen versorgt wird. Er verliert für einige Stunden das Bewusstsein und die Schmerzempfindung. Weil auch die Atemmuskeln ihre Tätigkeit einstellen, ersetzen Geräte ihre Funktion; der Patient wird künstlich beatmet. Ein speziell ausgebildeter Arzt, der Anästhesist, überwacht während der gesamten Operation diese komplizierte Apparatur und kontrolliert ständig, ob im Blut des Patienten genügend Sauerstoff vorhanden ist.

Der Körper kann auch selbst starke Schmerzmittel erzeugen. Diese „Endorphine" werden im Gehirn gebildet und zum Beispiel bei Unfällen ausgeschüttet. So wird der Verletzte nicht von seinen Schmerzen überwältigt und kann vielleicht sogar noch selber um Hilfe rufen.

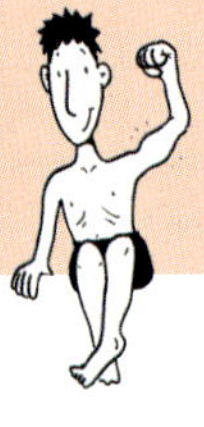

Was geschieht beim Röntgen?

Die Entdeckung der Röntgenstrahlen 1895 war ein riesiger Fortschritt für die Medizin. Die von dem Physiker Conrad Wilhelm Röntgen entdeckten Strahlen durchdringen den Körper und werden von den Organen kaum, von den Knochen aber stärker verschluckt. Fängt man die Strahlung, die durch den Körper gedrungen ist dann auf einem Fotofilm auf, entsteht ein Bild der Knochen und etwaiger Brüche.

Heute hat man das Röntgen durch Kombination mit Computern noch weit leistungsfähiger gemacht. Bei der Röntgentomografie werden vom Körper in einem Durchgang zahlreiche Aufnahmen hergestellt und vom Computer zu einem dreidimensionalen Bild verrechnet. Dadurch kann man auf dem Bildschirm das Gehirn, das Herz oder irgend ein anderes Organ des Körpers räumlich darstellen, von allen Seiten betrachten, auf Schäden untersuchen und Krebsgeschwüre erkennen. Vom Computer aus kann dann sogar eine Operation überwacht werden.

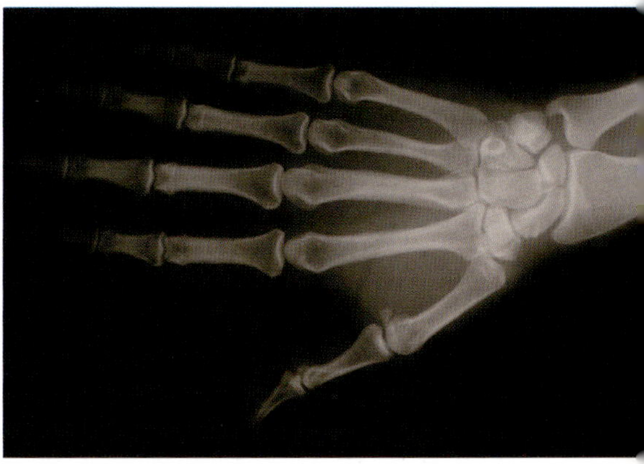

Röntgenbild einer Hand: Die Knochen erscheinen heller, weil sie die Strahlung schlucken und den Film dadurch weniger belichten.

Warum nimmt der Arzt eine Blutprobe?

Das Blut durchfließt alle Körperteile, gibt Nährstoffe ab, befördert Abfallstoffe weg, transportiert Botenstoffe und Abwehrzellen gegen Krankheitserreger. Ist der Körper krank, verändert sich die Zusammensetzung des Blutes. Deshalb lassen sich zahlreiche Krankheiten durch eine Blutuntersuchung erkennen.

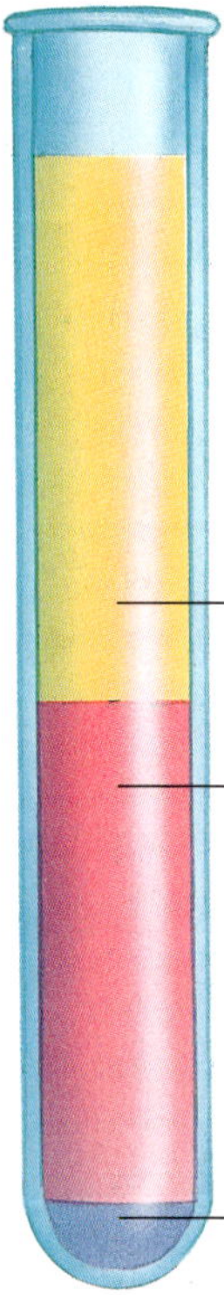

Unter dem Mikroskop kann man das „Blutbild“, die Zahl der roten und der verschiedenen weißen Blutkörperchen auszählen. Zu wenig weiße deuten auf Krankheiten des Immunsystems, zu viele auf Entzündungen im Körper hin. Auch bestimmte Krankheitserreger kann man im Blut mikroskopisch erkennen. Weiterhin wird das Blut auf den Gehalt von Salzen, Hormonen und Enzymen bestimmt, um Störungen der Nieren, des Hormonhaushaltes und der Leber zu erkennen. Außerdem bildet der Körper Abwehrstoffe (Antikörper) gegen zahlreiche Krankheitserreger, Fremdstoffe oder auch Krebszellen. Sie kreisen im Blutstrom und sind mit modernen Methoden gut nachzuweisen. Liegen sie in großer Zahl vor, zeigen sie eine zuvor unbemerkte Infektion oder auch ein noch unentdecktes Krebsgeschwür an.

Warum untersucht der Arzt Urin?

Urinproben werden in Labors untersucht.

Anhand des Urins kann der Arzt die Arbeit sowie den Zustand von Nieren und Harnwegen überprüfen. Zunächst wird die Farbe des Urins betrachtet. Schwarzer, roter, weißer oder gar schaumiger Urin sind jeweils Anzeichen schwerer Krankheiten. Viele Inhaltsstoffe werden heute meist mit Teststäbchen geprüft, die sich je nach Konzentration bestimmter Stoffe mehr oder weniger stark verfärben. So deutet Zucker im Urin auf Zuckerkrankheit, Eiweiße auf Nierenfunktionsstörungen. Bakterien zeigen Harnwegsinfektionen an – der Urin eines Gesunden ist völlig frei von Bakterien. Im Labor wird die Probe dann so behandelt, dass sich die festen Bestandteile absetzen. Der Bodensatz enthält verschiedene Kristalle, die Hinweise auf Störungen des Stoffwechsels geben.

Warum müssen manche Menschen ins Krankenhaus?

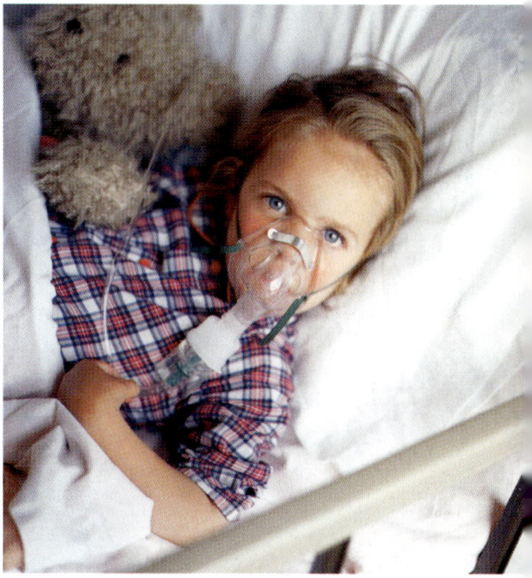

Um eine schwere Krankheit zu lindern, ist es manchmal nötig, ins Krankenhaus zu gehen.

Menschen müssen ins Krankenhaus, wenn sie schwer erkrankt sind oder einen schlimmen Unfall hatten. Nur im Krankenhaus gibt es die nötigen Einrichtungen und die Spezialisten für sofortige Operationen und aufwändige Untersuchungen. Außerdem besteht hier die Möglichkeit, die Kranken längere Zeit zu beobachten, bis sich ihre Gesundheit wenigstens so weit gebessert hat, dass sie sich zu Hause weiter auskurieren können. Für besonders kritische Fälle gibt es meist sogar eine „Intensivstation", wo die Patienten rund um die Uhr medizinisch überwacht werden und jede Besorgnis erregende Veränderung sofort Alarm auslöst. Ins Krankenhaus wird man auch eingewiesen, wenn man sich eine gefährliche, ansteckende Krankheit zugezogen hat. Denn hier kann man die Patienten von anderen Menschen fern halten, damit sie niemanden anstecken.

Der schönste Grund für einen Krankenhausaufenthalt ist eine Geburt. Manche Frauen bekommen ihre Kinder zwar lieber zu Hause in der vertrauten Umgebung und lassen sich von einer Hebamme und einem Arzt helfen. Aber Geburten im Krankenhaus sind sicherer. Wenn es unerwartete Zwischenfälle gibt, ist sofort fachkundige Hilfe zur Stelle.

Ärzte waschen sich ihre Hände mit einer speziellen medizinischen Seife, die Bakterien tötende Zusätze enthält. In besonderen Fällen verwenden Ärzte auch Einmal-Gummihandschuhe, um sich bei Kranken nicht selbst anzustecken. Die benutzten Geräte und Hilfsmittel müssen frei von Keimen sein. Dazu werden sie in Heißdampf unter hohem Druck „sterilisiert".

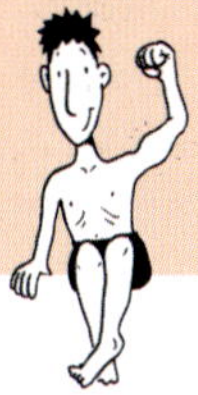

Was bedeutet „Blut spenden"?

Nach schweren Verletzungen und bei großen Operationen verliert man meist viel Blut. Große Mengen an verlorenem Blut müssen möglichst schnell ersetzt werden, sonst kann der Körper nicht mehr funktionieren. Daher erklären sich zahlreiche Menschen bereit ihr Blut für Patienten zu spenden. Von den etwa 5 Litern Blut im Körper kann man ohne Gefahr etwa einen halben Liter abnehmen. Nach dem Spenden fühlt man sich nur vorübergehend etwas schwach, aber ein gesunder Körper ersetzt den Verlust des Blutes schnell.

Das gespendete Blut wird auf etwaige Krankheiten untersucht, die Blutgruppe bestimmt und als „Blutkonserve“ haltbar gemacht. Krankenhäuser unterhalten in der Regel eine „Blutbank“ mit Blutkonserven unterschiedlicher Blutgruppen. Die Konserven werden für Unfallopfer gebraucht, aber auch für eine schwere Herzoperation, bei der man das Blut von über 10 Spendern benötigt. Auch bei bestimmten Blutkrankheiten kann nur ein Austausch des eigenen Blutes gegen Spenderblut den Kranken retten.

Was ist „erste Hilfe"?

Wenn jemand verletzt wird, kommt es oft darauf an, ihm sofort zu helfen, also „erste Hilfe“ zu leisten. Bis ein Arzt eintrifft, kann es manchmal schon zu spät für den Verletzten sein. Deshalb sollten möglichst viele Menschen sich in den nötigen Maßnahmen am Unfallort auskennen, damit sie Verletzten helfen können. Wichtig ist dabei, die Leben erhaltenden Körperfunktionen sicherzustellen, also Blutverlust zu stoppen und die Atmung zu unterstützen oder wieder in Gang zu setzen. Außerdem muss man darauf achten, den Schaden nicht noch zu verschlimmern. Der Kranke muss vorsichtig behandelt werden, damit nicht durch gebrochene Knochen innere

Ein Helfer legt den verletzten Jungen in die „stabile Seitenlage“.

Organe verletzt werden. Arm- oder Beinbrüche schient man provisorisch, starke Blutungen werden mit einem Druckverband gestoppt und Wunden abgedeckt, damit sie nicht verschmutzen. Wenn der Kranke ohnmächtig ist, muss man darauf achten, dass er nicht erstickt, etwa an Erbrochenem. Neben diesen ersten Maßnahmen ist es aber auch wichtig, mit dem Verletzten zu sprechen, ihn etwas zu beruhigen und ihm zu sagen, dass der Rettungsdienst schon unterwegs ist.

Kurse, in denen diese Hilfsmaßnahmen geübt werden, bieten viele Verbände an, oft auch in Schulen. In den Erste-Hilfe-Kursen lernt man auch, kleinere Schäden fachgerecht zu versorgen wie Aufschürfungen, leichte Verbrennungen, Splitter in der Haut oder Insektenstiche.

Woraus besteht eine Zahnfüllung?

Wenn Zahnfäule (Karies) ein Loch in den Zahn gefressen hat, muss der Zahnarzt die befallenen Stellen sorgsam ausbohren und den Hohlraum dann wieder ausfüllen, damit das empfindliche Zahnmark mit den Blutgefäßen und Nerven nicht geschädigt oder mit Bakterien verunreinigt wird.

Das meist verwendete Füllmaterial für Löcher in den Zähnen ist das „Amalgam“. Das ist ein Gemisch aus Silber, Zinn, Kupfer, Zink und Quecksilber. Frisch bereitet ist es weich und kann in den Hohlraum gefüllt werden, dann erstarrt es und bildet einen jahrelang haltbaren Verschluss. Viele Menschen lassen sich mittlerweile lieber Füllungen aus Kunststoff einsetzen, aus Angst das giftige Quecksilber schade ihrem Körper. Der zahnfarbene Kunststoff ist allerdings nicht so haltbar und gibt auch geringe Mengen giftiger Stoffe ab. Eine dritte Möglichkeit sind „Inlays“, Gussfüllungen aus Gold oder Titan-Metall. Sie werden nach einem genauen Kunststoffabdruck vom Zahnhohlraum von einem Zahntechniker hergestellt und dann in den Hohlraum eingesetzt und befestigt. Wegen der auffälligen Farbe macht man das aber nur bei den Backenzähnen.

Was bedeutet Organtransplantation?

Manchen schwer kranken Menschen kann man das Leben retten, indem man ihnen ein lebendes gesundes Organ oder Gewebe an Stelle eines kranken oder geschädigten einsetzt. Derzeit kann man Herz, Nieren, Lunge, Leber und Bauchspeicheldrüse „transplantieren“, außerdem Gewebeteile wie die Augenhornhaut oder Blut bildende Knochenmarkszellen.

Organspendeausweis
nach § 2 des Transplantationsgesetzes
Organspende
Name, Vorname — Geburtsdatum
Straße — PLZ, Wohnort
BZgA Bundeszentrale für gesundheitliche Aufklärung
Organspende schenkt Leben.
Kostenlose Auskunft erhalten Sie beim Infotelefon Organspende der Bundeszentrale für gesundheitliche Aufklärung in Zusammenarbeit mit der Deutschen Stiftung Organtransplantation unter der Telefonnummer 0800/90 40 400.

Organspendeausweis

Es gibt „Lebendspenden“, bei denen ein Mensch eine seiner zwei Nieren einem nahen Verwandten überlässt. Meist stammen die Organe aber von Verstorbenen, die Opfer eines Unfalls wurden. Unbeschädigte Organe werden dann von Ärzten entnommen und einem Empfänger eingesetzt. Ein großes Problem bei solchen Transplantationen ist die Abstoßungsreaktion des Körpers. Denn das Immunsystem, das Krankheitserreger abwehrt, erkennt das eingesetzte Organ als fremd und bekämpft es. Mit speziellen Medikamenten unterdrückt man diese Abstoßung.

Durch strenge Gesetze ist sichergestellt, dass nur toten Menschen Organe entnommen werden, und nur solchen, bei denen die Opfer selbst vorher, oder nach dem Tod ihre Angehörigen, die Zustimmung zur Organtransplantation erteilt haben. Heute leben zahlreiche Organempfänger ein nur leicht eingeschränktes Leben, die anderenfalls längst gestorben wären.

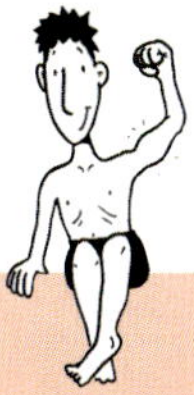

Es gibt weit weniger Organe für Transplantationen als gebraucht werden. Daher setzt man Kranke, die ein Spenderorgan benötigen, zunächst auf eine Warteliste. Es kommt aber auch vor, dass sie sterben, bevor ein geeignetes Organ verfügbar ist. Jeder kann in einem Organspendeausweis angeben, dass er nach dem Tod seine Organe für Transplantationen zur Verfügung stellt und so kranken Menschen helfen.

Was ist eine Prothese?

Prothesen sind künstlich hergestellte Organe oder Körperteile zum Ersatz von kranken oder verlorenen Teilen. Heute gibt es eine Vielzahl von Prothesen – seit man Materialien gefunden hat, die im Körper überdauern können und auch vom Immunsystem des Körpers nicht als Fremdstoffe erkannt und angegriffen werden.

Es gibt Beinprothesen, mit denen der Träger gut Sport treiben kann.

Neben künstlichen Knochen- und Gelenkteilen wie Kniegelenkprothesen, Zahnprothesen oder künstlichen Hüften gibt es heute sehr funktionstüchtige Armprothesen, die Halten und Greifen ermöglichen. Innere Prothesen sind Herzschrittmacher, die bei Herzrhythmusstörungen mit elektrischen Signalen das Herz steuern.

Die Fortschritte der Computer- und Robotertechnik ermöglichen in Zukunft Prothesen, die ähnlich gut wie natürliche Organe funktionieren. Kleine computergesteuerte Hilfsgeräte könnten in den Körper eingepflanzt werden und kranke Organe ersetzen. Etwa eine künstliche Bauchspeicheldrüse für Zuckerkranke, die sich automatisch den unterschiedlichen Anforderungen anpasst. Oder mechanisch-elektronische Hände und Beine, die direkt an die Nerven der Patienten angeschlossen sind, so dass sie sie wie normale Glieder steuern können.

Kann man in Zukunft neue Organe züchten?

Ziel einer bestimmten Forschungsrichtung ist es, zum Beispiel aus einer einzigen Körperzelle eine neue Leber wachsen zu lassen – oder auf ähnliche Weise ein neues Herz, eine Niere oder ein anderes Organ herzustellen. Jeder Körper beherrschte einmal diesen Trick – aber nur vor der Geburt beim Heranwachsen im Mutterleib. Danach verlieren die Zellen diese Fähigkeit, obwohl sie die nötigen Wachstumsinformationen enthalten – auch eine Nervenzelle besitzt zum Beispiel den gesamten Bauplan einer Leberzelle. Deshalb erforscht man, welche Prozesse im Erbgut der Zelle bei der Spezialisierung in verschiedene Zelltypen ablaufen, um sie eines Tages steuern zu können.

Eine andere Möglichkeit, an der gearbeitet wird, sind Tierorgane für Organverpflanzungen. Von der Größe eignen sich vor allem Schweine-Organe; die Tiere lassen sich zudem gut züchten. Man versucht, sie gentechnisch so zu verändern, dass sie vom Körper nicht oder nur wenig als fremd erkannt und abgestoßen werden. Allerdings sind noch zahlreiche Probleme zu lösen, wenn solche „Xenotransplantationen“ Wirklichkeiten werden sollen.

Register

Register

Dieses Buch ist auf chlorfrei gebleichtem Papier gedruckt.

Bildquellennachweis
Illustrationen: Giampietro Costa, Milan Illustrations Agency;
Cartoons: Thies Schwarz, Hannover
Fotos: : AGK, Berlin: S. 10; Brockhaus – Verlag, Mannheim: S. 49; Bundeszentrale für gesundheitliche Aufklärung (BZgA), Köln: S. 124; European Commission, Central Audiovisual Library: S. 59; Focus, Hamburg: S. 23 (SPL), 42 (SPL), 64, 86; Tessloff Verlag, Nürnberg: S. 27, 36, 39, 51, 54, 61, 70, 79, 90, 93, 94, 106, 108, 110, 114; Zefa, Düsseldorf: S. 14, 87, 101, 115;
Umschlagfotos: : IFA, München

ISBN 3-7886-0963-X